音楽入門

伊福部 昭

JN167421

序

音楽鑑賞の立場というものものしい題をサブタイトルとして特に掲げましたが*、別に、特定な鑑賞法などというものがあるわけではありません。ただ主に鑑賞の立場から、音楽に関して少しく考えてみようというのに過ぎないのです。

音楽は、本来、極めて直覚的なものであって、誰にでも理解され得るはずのものなのですが、いわゆる、芸術音楽と呼ばれている世界には、素直な感動を阻《はば》むような考え方が広く流布《るふ》していて、純真な、初心《うぶ》な鑑賞者には、恰《あたか》も、自分たちの理解を超えたものでもあるかのような印象をあたえているようです。また枝葉的なことですが、楽譜とか演奏とかその他の約束ごとが多いために、それらに触れる機会に乏しかった人たちは、更に劣弱感に似た印象を深め、終《つい》には、音楽から次第に遠のいていくという、不幸を招くのです。

このような事情から「音楽を理解しない」というような声は、しばしば私たちの耳にするところですが、しかし、どなたも理屈なしに、なんらかの形で音楽の美しさといったものに心動かされた経験を一度はもち合わせていることと思います。これが大事なことで、どのような人にも、音楽を鑑賞し得る素地というものがあるのであり、それが、ただ、しかつめらしい外的なさまざまな条件によって、くもらされているといって差し支えないのです。

本稿は、このような誤った恐れなしに、もう一度、素直な心で音楽に接してほしいという願いから生まれたものです。したがって、ここでは特に専門的なことや、系統がかった音楽理論を展開しようとするのではなく、音楽を鑑賞する立場から、音楽に関する一般を平明に述べてみたいと思うものです。

＊初出時の副題は、文庫化にあたりご遺族の了承のもと割愛しました。

音楽入門　目次

真の教養とは、再び取り戻された純真さに他ならない

――ゲーテ

はしがき

国立博物館が一般に開放されて間もない頃のことですが、教師に引率された中学生たちが熱心に見学しておりました。生徒たちは、ちょうど新聞記者のように忙しそうに、陳列品に付されている解説や、先生の説明をノートしておりました。しかし、生徒たちは、誰一人として肝心な陳列品そのものを見つめてはいませんでした。これは、恐らくあらかじめ教師が与えた注意に忠実に従っている姿なのでありましょう。

そうであるだけに、少年たちは、このような方法といいますか、態度が、大人の本格的な立派な観察、鑑賞の方法、態度と思い込んだことでしょう。

もちろん、このような場合、解説が極めて重要なものであることはいうまでもないことですが、やはり、対象から直接に受ける印象や、感動が、恐らく最も重要なものであることは疑いを入れません。そのためにこそ、わざわざそこに足を運ぶのです。

この出来事は極めて些細《ささい》なことのようですが、少なくも次の二つの事柄を含んでいると思います。

一つは、何かある作品に接した場合、作品そのものからくる直接的な感動とか、または、印象などよりも、その作品に関する第二義的な、いわば知識といわれるものの方をより重要だと考えることです。更にいえば、枝葉的な知識とか解説なしには、本当の鑑賞はあり得ないと考えることです。

他の一つは、たとえ、自分がある作品から直接に強烈な印象なり感動を受けたとしましても、これを決して最終的な価値判断の尺度とすることはなく、より権威があると考えられる他人の意見、いわば定評に頼ろうとする態度です。

ここに述べたような、未《いま》だ年若い少年たちにあっては、自分の判断力のみに頼るわけにゆかぬのは、当然でしょうが、このような態度が無自覚に長く続けられると、終《つい》には、一つの思考上の習慣となるのです。

このように、自分の見解を否定してまでも、何か絶対的な権威のようなものに頼ろうという態度は、恐らく、私たちの長い年月にわたる政治形態と教育の影響によるものかもしれませんが、何はともあれ、このような考え方が流布《るふ》しているのは事実です。私たちは第一にこのような態度から逃れねばなりません。それでなくては、音楽のように直覚的な、また、ある意味では極めて原始的でさえある感覚を基礎としている芸術の美しさを味わうことはほとんど不可能だからです。

音楽は長い年月の間、宗教とか、儀式とか、祭礼その他にとって重要な地位を占めていたために、なにか高度の感覚を基礎としているかのように考えられがちですが、聴覚は芸術に用いられる感覚の中では、恐らく最も原始的なものです。

極端な例を挙げれば、音響に対する反応は、鳥類や昆虫までがもっております。また、もっと高等な動物、たとえば、乳牛などにあっても、静かなロマンな音楽を聴かせることによって、乳量が増加するという実験結果さえ生まれ、また、現在ある種の精神病の治療に、静かな音楽と温浴が用いられているのです。

しかし、音楽と同様に直覚的な芸術といわれる絵画にあってはそうは参りません。画家たちが情熱をそそぐ線と色彩は、昆虫の複眼や、正面を正視できない鳥の眼には、私たちの想像を絶した映像として映るでしょうし、また、魚にとっては、いわゆる魚眼レンズを通したような形に変形されるでしょう。また音感をもつ昆虫には色彩を見分ける能力がありません。蠅《はえ》類は黄色に対して特別な愛好を示すようですが、これも単に明暗としてしか感じ得ないといわれています。また、有名なスペインの闘牛は、赤い色に怒り立つといわれておりますが、これは赤い布の動きと、観衆の怒号、すなわち、音響も加わるので、決して絵画的な静止した色彩感によるものではないのです。他の分野の芸術、詩とか文学にあってはもはや失笑を禁じ得ないでしょう。

余談にわたりましたが、音楽が、かなり原始的な感覚を基礎としたものであることがうかがえるでしょう。

更に、暴論を吐くならば、このように直接的な感動力をもっている音響ないし音楽から、人類である私たちが、なんら感銘を受け得ないとするならば、恐らく、人類だけがもっている知性がわざわいしていると考えることも不可能ではないでしょう。このことは、音楽を作る場合、および鑑賞の、二つの立場からいえることのように思われるのです。音楽の分野のみならず一般のモラルにあっても、誤った知性が人類を動物以下にすることは、私たちの日常しばしば目撃するところなのです。

しかし、以上述べたことは、決して高度の意見を勘校《かんこう》し自己の審美感を向上させようとして努力する真面目な態度を否定するものではありませんし、音楽上の美が、すべて、なんら労せざる単なる直感と印象のみによって完全に感ずることができるというのでもないのです。

もちろん、正しい思考と、長い訓練によってのみ、はじめて感得し得るような種類の美がありますが、まず、第一に裸になって、自分の尺度を主とするところから始めなくては、決してそのような高い美しさを感得し得るようにはなり得ないということを述べたいのです。

博物館の少年たちのような態度は、一見正統な努力の如く見えますが、このような態度からは、自主性の全然ない審美感しか学び得ないでしょう。この種の審美感は、あるいは立派な教養として通用するかも知れませんが、もはや、本当の意味では審美感とは呼び得ないことは明らかです。

アンドレ・ジイドは「定評のあるもの、または、既に吟味され尽したものより外、美を認めようとしない人を、私は軽蔑《けいべつ》する」と述べていますが、博物館の少年たちのような態度からここに指摘されているタイプの文化人が生まれるものなのです。

私たちは、できるだけこのような陥穴《おとしあな》から逃れなければなりません。真の美しさを発見するためには、逆説のようですが、同年代の教養と呼ばれているものを、一応、否定する位の心がまえが必要です。もちろん、私はいたずらな反逆を推賞しようというのではありません。はしがきを終えるに当たって、大変にそらとぼけた寓話《ぐうわ》を述べましょう。

昔、江戸に自他ともに許す食通がおりました。殊《こと》に、更科蕎麦《さらしなそば》にかけては当代随一と呼ばれ、江戸中の蕎麦屋は、みな彼の批評を、恐れるほどでした。彼の主張によれば、汁をほとんどつけずに食べるのが本格的であり、また上品であるというのです。もし、たくさんに汁をつけて食べている人を見ると、邪道にして下品であると蔑《さげす》み、注意さえも与えるほどでした。しかし、やがて、この通人にも臨終が訪れるのです。近く、侍《はべ》る弟子たちが、最後に何かいい残すことはないか、とたずねますと、通人は「一度でいいから、更科に十分に汁をつけて食べてみたかった」といって息を引きとったというのです。

第一章　音楽はどのようにして生まれたか

音楽に関する話を始めるには、まず最初に、「音楽とはどのようなものか」という定義が取り上げられなければなりませんでしょうが、この問題は割愛しようと思います。というのは、今までに行われた数多くの精密な定義であっても、それらは決して、私たちの中に既にある音楽という概念を少しも明確にし、あるいはこれを完全なものともしてくれるものではないからです。いわば、定義のための定義であって、鑑賞という立場からはあまり大きな意義を見出《みいだ》すことができないのです。したがって、私たちにとって一番最初に問題となり得ることは、私たちはどのようにして音楽というものを認識してきたかということなのです。これには、長い間の人類の歴史と、一個の人間の成長に伴う歴史との二つの場合が考えられましょう。しかし、嬰児《えいじ》から成年に至る思考の過程と、人類の思考の歴史的過程の間にはある相関的な関係が認め得ることはいうまでもありません。いわゆる、生物学における個体発生と系統発生の関係と同様なのです。

私たちの祖先が、音楽の音源として最初に用いたものは声音でした。これは、鳥類以上の動物を見ても疑う余地のないことで、ここまでは問題ないのですが、私たちが、いわゆる、音楽と呼んでいるものの基礎的な萌芽《ほうが》が、ものを話しかける際の言葉の抑揚といったものから発生したものか、それとも言葉とは関係なく別個に音楽の意識が生まれたものかは、論議のあるところです。音楽の鑑賞上さして重要ではないかのように思われるこの二つの立場の音楽発生論こそ、実に後になって音楽におけるロマン主義と即物主義との二つの傾向を生むに至ったのです。

前者の主張は、スペンサーおよびガーニー(Edmund Gurney)等によって唱えられているのですが、その説によりますと、「音楽は激した言葉の調子に、それの本質的源泉をもっている」というのです。その理由として、私たちの声音が、感情の興奮を伴った場合に生まれる変化――すなわち、一、普通の話し声よりも音勢が強くなること、二、音色が変わること、三、音の高さ(強さでなく)が著しく話声と異なること、四、その異なる音程の変転が数多く、また速やかであること等――を掲げて、音楽は感情的な語調の模倣が発展したものであると主張するのです。

もしこのようにして音楽が発達したとすれば、音楽は本質的にロマンティシズムの上に立つものであるということになりましょう。

また一方の主張では、音楽とは、その手段および効果に関しては、純粋独立、自由の芸術であって、特殊な地位におかるるべきものだというのです。この最も代表的な論者は、ショウペンハウエルですが、彼は次のように述べています。「音楽は、現象界から、全く、独立しているものであって、また、現象界を全く無視しているものである。いわば、現象の世界が、全然存在しないとしても、なお成立し得るものである」すなわち、どのような自然の中の現象をも描写しないというのです。この主張は、真の意味の古典主義と、即物主義を生むことになります。

以上二つの見解は、共にそれぞれの支持者をもつのですが、現在では、原始民族の音楽が研究され、後者の意見が妥当であるという見地に傾いてきています。

次に、原始民族の音楽について簡単に触れましょう。

原始民族の間にあっては、音楽は常に詩と踊りと共に不可分の一体をなしていて、私たちの考えによって人為的に抽出する場合にのみ音楽という言葉が成り立ち得るに止《とど》まります。したがって彼らは詩、踊り、音楽の三者を同一の名称で呼ぶこともしばしばなのです。

注　ボトクードは音楽と踊りを、ただの一語をもって表わし、エスキモーは、踊り場のことを唱歌堂（Quaggi）と呼んでいます。それは、踊りには常に歌と太鼓が伴い、それらが別個に行われることはないからです。また、ブッシュマンが踊る時は、常に太鼓と群衆の歌が伴われ、オーストラリアでは一人が踊ると、主導者がその場の即興の詩を歌い、女性たちはその歌の畳句を合唱し、袋鼠の皮で作られた脚布を脱いで畳みこれを打って拍子を取るのです。

音楽がこのように、決して単独に行われることがなく、常に、詩や、踊りと結合した形で行われるということは、音楽の立場からのみ見る時は、次のようなことを意味します。すなわち、音楽を構成している三つの要素のうち、律動の面が最も強調され、いわば、その一要素のみが利用されているということです。

注　音楽の三つの要素とは、律動、旋律、和声を指します。律動とは音の強弱が時間的に配列されることによって生ずる一種の節奏感です。まあ拍子と考えていただけばよいでしょう。旋律とは、音の高低がやはり時間的に配列されることによって生まれる、持続した音響の流れであって、歌詞というものを考慮外に置いた時の歌のようなものと考えてもいいでしょう。和声とは、二つ以上の音が同時に組み合わさった時に生ずる現象です。この三者はそれぞれ別個に存在するものではなく、一つの平面を決定する空間の三点のように相関的なものですが、この三つに分けて考察することが利点が多いために、このような分類が行われているのです。もし三つの中の一つの要素が拡大された場合、私たちは、律動的な音楽、あるいは旋律的な音楽などという言葉を用います。

今日の私たちの音楽観からするならば、音楽がたとえ、詩と踊りと結合しても、それは、律動のみを強調しているということを立証する証拠にはならないと考えられるでしょう。これは、その通りですが、では原始民族が実際にどのような風に音楽というものを取り扱っているかを見てみましょう。ボトクードの音楽に関して、ウィード（Weid）公は次のように述べています。「男性の歌唱は、絶えず、三個または四個の音を、あるいは高く、あるいは低く、交互に用うる発音のはっきりしない、単なる怒号である。左の腕を頭の上に横たえ、両方の耳に指をさしこみ、ボトクによって、恐しく奇形になっている口を強いて広く開く、女性たちも二三の音を繰り返すに過ぎない」

また、ルムホルツ（Lumholts）はクイーンズランド人について次のように述べています。「彼らは拍子に対する判断力よりは、旋律に対しての判断力が一層貧弱である」と。

マン（Mann）がアンダマンの男女および子供に対して行った実験の結果は「彼らは音の高低に関しては微々たる観念さえももっていない」ということでした。

私の聴いたギリヤーク族の歌の中には、律動のみが変化して音はわずかに長二度音程の二個の間を往復するに過ぎない、「シスカの河口」（シッカ・アムフゥ）というのがありました。

以上を要約するならば、原始民族の音楽は、明らかに律動のみを強調しているものであることは主張されてもいいと思われます。したがって、私たちの古い祖先もまた、ほぼ、そのような形の音楽から入ってきたことは、ほとんど疑う余地がありません。

ひるがえって、私たち個人の幼少の時のことを考えてみましょう。私たちが音響というものを意識し始めると第一に興味をもつのは律動です。ガラガラと呼ばれる玩具《がんぐ》やデンデン太鼓などは一番先に心惹《ひ》かれましょう。また、その異様な風体にもよるのでしょうが、旋律楽器のない打ちものだけの、チンドン屋の後をついて歩くのも少年に限られています。

この年代には、たとえ旋律を奏し得る楽器であっても、絃《げん》楽器や吹奏楽器の長くあとを引く音よりは、律動感の強い打楽器に近いオルゴールとかピアノの音を喜びます。また、小児高い音を特に愛好しますが、これは私たちの聴覚には可聴限界というものがあって、はこの限界が、高い音の方に片寄っているためだろうと考えられています。小児に聴こえて私たちには聴こえない音もたくさんありますし、反対に、今、私たち自身が聴き得る音で老年になって聴くことができないものもあります。

この年代には、律動的なものを聴きますと、明らかに筋肉的な反応――いわば踊りの根本となる反応を呈します。ただ少年たちには、未《いま》だ詩というものは認められませんが、少年たちの中には一種の心の詩とも云われる可《べ》き夢をもって、言葉の詩にかえているのでもありましょう。

このように、私たちは音楽を受け取る場合、最初に律動に打たれますが、このことは、音楽にあっても、最も本質的なものは律動であるということを立証しているとみることができます。

ただここに注意すべきことは、律動は、このように根元的なものであり、ほとんど本能的なものでさえあるので、誰にも能《よ》く理解され、また、身近なものとして感じられるので、逆に、律動または律動的な音楽は一般に下級であると考える風潮が生まれやすいことです。このような風潮を生む、一見野蛮を恐れるような妙な教養観以上に芸術、殊《こと》に音楽の真の理解をさまたげるものはないのです。このような問題に関しては、後にまた改めて触れることにします。私たちが、律動というものをどのように受け取り、どのような印象として心にとどめているかを考えてみましょう。

仮に現在、自分がほとんど忘れかけている歌のことを、思い起こしてみましょう。一番はなはだしく忘れているのは歌詞です。忘却の度合がひどければ、次に旋律をも、ほとんど思い起こすことができません。このように、その旋律を忘れても、未《いま》だその律動の印象は幾らか残っているはずです。この律動をも忘れたのでは完全な忘却というものです。たとえば、自分の校歌や応援歌を思い起こしても、二番三番の歌詞が不確かになるのは誰しもしばしば経験するところでしょう。

以上は、一般論で、もちろんこれと異なる場合もありましょう。もし詩を記憶し、旋律、律動を忘れたとすれば、それは詩が立派で音楽が極めて貧弱であったか、その人が音楽よりも文学的素養が多いということなのです。この、律動、旋律、詩の順が、常に一定の形で破れるとすれば、その人は最後に残ったものに自分の素養が多いと考えて差し支えないでしょう。この忘却の順序は歌を覚える場合も同様でしょう。まず律動を、次に旋律を、そして次に歌詞を覚えるものです。この点、たとえ文学的な人であっても、散文よりは詩の方が覚えやすいものです。これは、散文より詩の中に、ある種の律動感が盛られているからに他なりません。とにかく、視覚にあってさえも、律動感が芸術にとって第一のものであることは明確です。

注　音楽にあって、このような律動感の強調の目的に最初に用いられたものは手拍子と短い掛声でした。次には、身近なものを打つことが行われ、その効果によって、どのようなものが一番その目的に叶《かな》うものかが徐々に知られ、やがて打楽器が創案されることになるのですが、今日ですらなお、ミンコピイ族のように打楽器というものを知らない民族もあります。

打楽器の材料として何が最初に用いられたかは、その民族の棲息《せいそく》していた地域によって差異をもっております。余談ですが、現存する中で恐らく最もグロテスクなものは、ラマ教のダマルと呼ばれる振り太鼓でしょう。これは未婚の男女の頭蓋骨《ずがいこつ》を椀《わん》形に切り、乾燥し、そのいとじきの部分を木でつなぎ、その両面に皮を張り、中に小さな石のようなものを入れます。現代のジャズに用いられるマラカスのように振って鳴らすのですが、その皮は当人の体の皮膚であり、中に入っている小石様のものはその当人の歯であるともいわれています。割合に小型のものですから、未婚といっても子供なのかも知れません。また、このラマ教では、人間の上膊骨《じょうはくこつ》でビチハンボリヤという笛のような楽器をも作ります。

律動の次に意識されるものは、旋律に対する感覚です。

前に述べたマンやルムホルツ等の実験にも見られたように、律動に対する感覚は十分であっても、旋律感が十分でないという段階を考えることができます。また、実際に現存するのですが、その反対は有り得ません。すなわち、旋律感があって律動感がないということは考えられないのです。それは、旋律というものは、律動なしには存立できず、常に律動を内にもっているからです。ただ、旋律的な面のみが強調された、いわゆる、旋律的な音楽というものがあり得るだけです。

旋律を主とした音楽に関しては、もはや原始民族を例証に引き出すまでもなく、最も手近な例に、私たちの伝統音楽たる催馬楽《さいばら》・長恨歌《ちょうごんか》・朗詠《ろうえい》、または邦楽と呼ばれているものの歌の部分、舞踊を伴わない民謡・馬子唄《まごうた》・舟歌・漁歌等はすべてこの中に入るのです。

いわゆる、西洋音楽にあっても、同様にこのような世代を通過したのです。ギリシャの音楽は本質的にこの種の音楽でした。グレゴリオ聖歌もこの類《たぐい》で、その故に平板な歌（プラン・シャン）とも呼ばれたのです。また単に、旋律面の強調された音楽というばかりでなく、この時代の音楽はただ一本の旋律の音楽であって、本質的には同音だったのです。二つの高さの違った音や、二つの異なった旋律が同時に重なり合うことを、未《いま》だ音楽的だとは考えなかったのでした。たとえ、多くの人々によって歌われる場合でありましても、斉唱、すなわち、同じ歌が同じ高さで歌われたのです。子供の声と大人の声が一緒になる時に生ずるオクターヴの進行さえも、かなり錯雑なものだと考えていたほどです（オクターヴというのは、片方の音の振動数が他の一方の二倍になっている関係を指します。音名は同じです。低いド、または高いドなど）。またギリシャ時代には、旋律は律動をもっていたとはいいましても、未だ、詩句から発生した極めて厳格な法則があって、これに制限され、音楽本来の律動は二次的なものと考えられたものです。ブレーヴとロングと呼ばれる詩句上の長短二種の長さの対比があり、この二者の組み合わせによって律動が構成されたのです。この組み合わせに関しては、できるかぎりのあらゆる変化が試みられたのですが、本質的には音楽上のものではありませんでした。一時代が過ぎますと、これらの歌唱はキリスト教に取り上げられ、詩の律動から離れたグレゴリオ聖歌（プラン・シャン）と呼ばれるものを生むことになりました。これには、私たちが現在用いているような意味の律動はもはやみとめられなく、単に朗詠に近いようなものだったのです。朗詠よりは遥《はる》かに音楽的ですが、旋律感と律動感の割合はかなり近似したものということができます。

旋律に対する感覚というものは、前に述べましたように、律動が筋肉的な反応に大きな関連があるという見方に従いますと、本質的に、私たちの情緒とか抒情《じょじょう》と関連があることになるのです。もし個人的な年代についていいますならば、旋律の美しさを意識するのは、抒情に目覚める年齢であるということができるのです。

このことは古くギリシャのプラトンやアリストテレスの時代から知られておりました。これらの哲人は旋法・旋律の種類が、逆に、人間の心情に大きな影響力をもっていることを洞察しまして、青年たちに与えてよい音楽の種類を、法律をもって定めたものです。こうして、一度決定された旋律は、変化を与えることが許されず、かたく禁じられ、それは不変神聖な模範法式であるとさえ考えられ nomoi と呼んだのです。

注 旋律音楽に関しては、ほとんど語る必要がないでしょう。打楽器以外の楽器はほとんどすべてが、この旋律を奏するために生まれたものなのです。楽器自体の発生の順は、いうまでもなく最初に打楽器、次に吹奏楽器、最後に絃楽器が現われるのです。現在の楽器を見る時は、吹奏楽器は近代の機械技術を極度に必要とし、一方絃楽器は極めて手工的であって、この方が発生が古いかのように思われるのですが、事実は逆です。

律動感、旋律感の次に目覚める感覚は和音に対する感覚です。同時に二つ以上の音を重ねて、その結合と対比を楽しむことは時代的にいっても、また年齢的に見てもかなりおくれてから認識されるものなのです。

原始音楽と呼ばれるものの中で、この和音の美しさを取り入れたものは極めて稀《まれ》で、琉《りゅう》球《きゅう》のジラバと呼ばれる音楽の中に、この和音上の処理のほどこされた珍しい個所があるのが注目されます。ヨーロッパにあって、この美しさが認識されるのは九世紀に入ってからなのです。

この多音音楽の起源に関する歴史は極めて曖昧《あいまい》なものではありますが、この種の音楽は、立派な単音音楽をもっていたギリシャ、ラテンの伝統の感化を蒙《こうむ》らなかった国――地中海沿岸から離れていた国――から発生したことは、ほぼ確実です。すなわち、英国がその発祥地の名誉を負うことになるのです。このような多音音楽が、どのように発達したかについては、いろいろの考え方があるのですが、大体次のように考えられています。教会などで、老若男女がある歌を歌う時、全部が同じ高さをもって歌うことが不可能であるのはもちろんですが、八度（オクターヴ）の差をもってしてもなお、不適当である場合がありまず。その場合、一部の者が原音と高さは異なりますが、かなり美しく響くと思われる音から勝手にはじめることを試みたことによるのです。これは、その人々が、音楽的に敏感だったのではなく、むしろ反対だったのです。変声期の生徒の多い学校などで、多くの生徒が同一の歌を歌うような場合、あまり音楽的でない生徒がしばしばこれと同じ方法で異なった高さで歌っているのを見かけます。いわば、この怪我の功名ともいうべき発見から、徐々にある一定の規則が作り出されたのです。主旋律と第二次的な音との間隔によってGymel-Gemellum, Faburden, fauxbourdonと呼ばれるものが生まれました。この手法が逆にギリシャ、ラテン系の国に取り入れられDiaphony, Organumと呼ばれるものができるのですが、これとても二音の併行的な進行に過ぎないのであって、現在私たちが和音と名づけているものとはかなり遠いのです。しかし、とにかく、二つ以上の異なった音を組み合わせることに、音楽的な喜びを見出《みいだ》しはじめたことは極めて重要な事柄です。

この和音感は、人間の思索と関連の最も深いものであって、思索を必要とする宗教楽から生まれ、また個人についてみましても、思索をする年代に入ってはじめて和音の美を意識するものなのです。

注　和音を奏する楽器に関してもほとんど語る必要がないでしょう。現代の管絃楽の如きは、多様な和音感の要求から生まれたもので、すべての合奏、合唱等も主にこの目的のために行われるものなのです。

以上述べたことは、極めて大まかなことであって、人類の発達史にあっても、一個人の成長の年代史にあっても、もちろん、それぞれ、これと異なった様相を呈するもののあることはいうまでもありますまい。

ただ一般にいわれる音楽の三つの要素である律動、旋律、和音が決して同時に、意識されたものでもなく、これら要素が、現在、私たちが完璧《かんぺき》な、または更に複雑化された交響曲などを聴く場合に、それぞれ、人々の心の中のどのような要素に強く働きかけるものであるかを知っていただけばよいのです。

この三つの要素が完全に統合されて、完全な音楽が発生してからも、音楽は宗教的なもの、哲学的なもの、あるいは文学的なもの、劇的なもの、または絵画的なもの、即物的なものというふうにさまざまの色づけがなされてきたのですが、そのようなものが、音楽の中のどの要素によって行われるものであるかを知ることは、難解と考えられる新たな音楽を理解していく上の一つの足場ともなるものです。したがって、ある完璧な作品に耳を傾ける前に、一般に律動的であるといわれる作品、旋律的であるといわれる作品、そして最後に和音的といわれる作品を、別個に聴いてみることも面白いと思われます。

それは自分の感性の在り方と、自分の音楽観をいくらか分析的に自分に説明することが可能だからです。

また、逆に自分が今、心惹かれている作品がどのような部類の作品にはいるか、特に気に入る部分が、音楽の三要素の中のどの部分の強調にあるか、また全《まった》き全要素の融合の上にあるかを試みに聴き比べることも決して無駄ではないでしょう。

もちろん、時代と国籍と、芸術上の主張と、さらにまた異なった才能とによって作られたそれぞれの作品を、単に音楽の三つの要素という立場からのみ計ることは、真に無謀ともいえるのですが、すくなくとも自分が音楽を即物的に受け取るか、浪漫風に受け取る傾向があるかを知ることはできるのです。

第一級の音楽作品はもちろん、生やさしいメスで分析はできないかも知れませんが、ある特定の要素を拡大した音楽作品に触れたような場合、このような思考を試みることは、十分意義があるのです。第一、作家は時代と才能と主張とを問わず、その要素の配合を明確に意識して仕事をしているのですから。

第二章　音楽と連想

音響というものは、私たちがこれを聴いた場合、私たちの中にある特定の感覚とか心情をよび起こすものですが、この心情には二つの種類があります。一つは、その音響それ自体がもつ直接的なものであり、いま一つは、その音に付随した連想に基づく印象です。このように私たちが一つの音を聴いた時、自分の中に生まれた印象が、直接的なものなのか、また連想によるものか、それとも両者の結合されたものであるのかということを見極めることはかなり困難ですが、このことは、音楽を鑑賞する態度の上で重要な因子となるものなのです。

今、一つの火薬の爆発音を例に考えましょう。火薬の轟音《ごうおん》には誰しも不安な衝撃的な印象を受けるものですが、春の行楽の知らせのためや、または夏の納涼会に打ち上げられる花火の音には、同じ爆発音でありながら実に平和な、なごやかな感を呼び起こされましょう。この場合、不安な衝撃感の方が直接的な歪《ゆが》められないそのものの効果なのであって、花火なんぞに受ける平和感の方は、明らかに連想に基づくものなのです。このことは花火の音に驚く鳥とか、動物とか、花火の美しさや楽しさの連想をもち得ない嬰児《えいじ》の反応を見れば明らかです。

この場合は意識も何もない単なる音響ですから、動物や嬰児の反応を見るだけで、その本来の直接的印象がどのようなものであるかを知るのは極めて簡単ですが、心情の喚起を目的として作られた楽音、すなわち寺院の鐘、教会のチャペルなどとか、人間の高度の意識によって楽音を組み合わせて作り上げた音楽作品の印象となると、問題はそのように簡単には参りません。更に、音楽作品が音楽として響くためには、演奏という一つの関門を通過しなければならないのですが演奏の問題はここでは取り上げません。この分類の問題が、困難であるからといって、避けてしまうわけにはいかないでしょう。もし、音楽の、直接的な印象に目を向けることなく、常に連想による印象のみに頼っていくとすれば、連想は連想を生み、更に、新たな幻想を作り上げ、終《つい》には、音楽が真に示しているところのものからは遥《はる》かに遠いところに行くことになるのです。しかし、このように音楽の実体から逃れて、勝手な幻想をもつ態度が真の高級な音楽の鑑賞であるかのように考えられることが少なくないのです。

このことは、現在行われている音楽作品の解説を一見しても、明らかなことです。解説はいかにして多くの連想や幻想を起こさしめる材料を提供するかということに、主眼が置かれているかのようです。古い国定教科書の中にあった、ただ一つの音楽に関する解説物語である「月光の曲」も、また明らかにこの種類に入るものでした。もちろん、相手が小学生ですから連想の材料も視覚に限られていたように記憶しています。たしか、月の光の中に悪魔なども出てくるはずでした。

このような立場からいいますと、音楽は、自分の心の中に描いている諸々《もろもろ》のイメージの単なる伴奏として取り扱われているに過ぎないのです。ちょうど、あらゆる種類の音楽が、今日の映画の音楽と同様な取扱いを受けているのです。ですから、このような観点からしますと、自分の心に描いたイメージと、その音響とが何らかの点で類似したと考え得た場合、その音楽を理解し得たと思い込むのです。したがってイメージと音楽が合致しない場合、または、イメージを創り上げ得ない場合は、その音楽を理解しないと思い込むのです。音楽の中には、もちろんこのような鑑賞の立場を目的としたものもあります。私たちは、これを標題音楽とか効用音楽とか呼んでおりますが、絵でいえばポスターとか小説の挿絵のようなものであって、その目的は連想の補助にあるのです。もちろん、それにはそれ自体の存在理由と価値はあるのですが、他の見地から創られたすべての作品を、このような単一な立場からのみながめることは、明らかに誤りということができるでしょう。

また、このような立場からのみ鑑賞する態度が習慣化すると、自分の満足のいく適当な幻想をわかせてくれないような作品は、すべてこれを否定するという結果を生むのです。

私たちは、しばしば「この音楽はわからない」という言葉に接しますが、その場合ほとんどすべての人は、自分の中に、その音楽にぴったり合うような心象を描き得ないという意味のことを訴えるのです。この心象は、その人によって異なり、哲学、宗教、文学といったものから視覚的なもの、とにかく、音楽ならざる一切のものが含まれております。もし、そうだとするならば、その人たちが音楽を理解し得たと考えた場合は、実は音楽の本来の鑑賞からは、極めて遠いところにいることになり、理解し得ないと感じた場合、逆説のようではありますが、はじめて真の理解に達し得る立場に立っていることになるのです。

心理学の一派には、私たちは、あらゆる心象、たとえば、重量感の如きものも、一応視覚的なものとして感じてから、印象として心に受け入れられるのだと述べていますが、ここにいう視覚的というのはそのようなものではなく、夕暮れの空であるとか、かつて楽しかった思い出の風景といったふうな、他愛のないものについてなのです。他の芸術の分野ではあまりこのような混乱は起こりませんが、音楽は何かとらえ難いということも手伝って、このような、何らかの音楽以外のイメージに頼るという鑑賞態度が、一般化されているのです。もちろん、音の運動と継続、形式感などは、ある意味では視覚的なものともいい得るのですが、ここにいうイメージとは別のものです。

このように述べてきますと、あまりに毒舌であると考えられるかもしれませんが、もし、音楽の直接的な効果を汲《く》み取るような鑑賞態度がとられているとするならば、音楽の直接的効果を主眼とする新しい私たちの時代の音楽が、容易に理解されるはずなのです。少なくとも、もっと共感を起こし得るはずなのです。しかし、事実は二百年も前の作品が、あたかも、それ以後音楽作品が無いのでもあるかのように愛好されるのを見ても、その辺の消息は明らかです。ロマン派および印象派の作品が圧倒的に喜ばれるのは、それらの作品が多くのロマンスと解説とにみち、それらに合うイメージを心に描くことが極めて簡単だからです。他の芸術の分野では、このように古い作品が、時代的な何らの距《へだた》りを意識せずに鑑賞されるということはあり得ないのです。特別に尖鋭《せんえい》化、または奇形化された特殊な傾向の作品を除けば、現代人は現代の絵画に一番親近感を覚えるのです。

しかし、以上述べたことは、決して、古い作品が芸術的に低いというのではもちろんありません。当時の作者もまた音楽家としての正しい位置で立派な仕事をしていたことは、確かなのですが、後世の幻想的な鑑賞者たちが、勝手に歪めたに過ぎないのです。音楽にあって、現代作品が何故に現代人に共感を呼び起こし得ないかという主な理由は、このような誤った鑑賞の態度が広く流布《るふ》しているからであると思われるのです。演奏回数が少ないことも一つの理由になりそうではありますが、この現象はむしろ鑑賞家たちが作り上げたものなのです。

音楽の直接的な印象という言葉は、あまり耳慣れぬものかもしれません。これに関しては、今後もさまざまな角度から何度か触れようと考えています。しかし、これは、理解というよりは感じていただかなければならない種類のものかも知れません。もちろん、音楽上の作家、いわゆる、作曲家と呼ばれる人の中にも、このような思考をもった人が絶無ではありません。意味ありげな音塊を羅列して、文学者や哲学者も顔負けするような解説をすることに、特別な趣味を示す人もあるにはあるのです。また、このように、音楽を連想的なものによって理解しようとする傾向が生ずるのには、私たちの言語もかなりな役割をしているのかも知れません。

私たちは音楽の印象を述べる場合、適当な表現法が見つからないので、他の連想的な言葉を借用します。これ以外に今のところ適当な方法がないのです。強弱高低の音響語や、感情語は仕方ないとしても、黄色い声とか明るい音楽というような視覚、甘いという味覚、柔かいという触覚、冷たいという温度感覚、香り高いという嗅覚《きゅうかく》などのすべての感覚語を濫用し、それらはあまりに数多く、ほとんど枚挙に遑《いとま》ないのですが、これらの感覚語のみで表わせなくなると、風景とか情景とか、または宗教とか哲学、文学、詩、なんでも引き合いに出してくるのです。

このような表現法にのみ触れているうちに、連想的な鑑賞態度に傾くことになるのではないか、とも思われます。

北に住むアイヌ民族には、変形した感覚語や擬声語（オノマトペ）を用いずに、音響からくる直接効果を示す独立した言葉が百種以上もあって、この点に関しては極めて合理的な言語をもっているといえます。

連想的な鑑賞態度が一般化している他の一つの理由は、私たちの、伝統的な民族音楽のほとんどすべてが、文学や詩と結合してきたことにもよるのです。文学的な特定な立場をもたない音楽は数えるほどしかありません。琴における六段などが、その稀《まれ》な例の中に入ります。

一つの作品のうちには、歌詞もなく器楽のみとなる場合もあるにはありますが、多くは情景とか心情の敷衍《ふえん》のために行われるのであって、音楽そのものを訴えているのではありません。いわば画面のない映画音楽なのです。

また雅楽にあっては外見は純粋に楽器のみですが、これには、ほとんどマイムに近い舞がついておりますし、必ず、何を表わそうとしているかを示す明確な題が付けられております。「皇帝破陣楽《おうだいはじんらく》」や「春鶯囀《しゅんのうでん》」などを見ても、それが何を示しているかは極めて明瞭《めいりょう》なのです。したがって、雅楽もまた、劇とか舞踊の付随音楽と見ることができます。

ですから、すべてこのような音楽に触れてきた私たちは、純粋に音楽的な作品に接すると、その音楽が何を示しているかを知ろうと、努力するようになるのです。そうして、もし自分の満足のいく答が出ない場合には、その作品を理解し得ないと思い込むのです。

「鳥の鳴く声を聴いて誰もその意味を聞こうとしない。それで、聴いて楽しいではないか、それなのに何故、自分に向かって作品の説明を求めるのだろう」これは画家ピカソの言葉なのですが、むしろ音楽の場合にこそいわれていい言葉なのです。

ここにピカソがいっているように、絵画にあっても、鑑賞者は作者にその作品の意味をたずねるのです。このことは、鑑賞者は彼以前の作品からは、ある意味を汲み取ることができたということを意味するのです。しかし、その意味を汲み取り得たと考え、また鑑賞し得たと考えている態度は、あるいは純粋絵画の立場からは誤解だったのかも知れません。また、誤解も成立し得る立場を古典の作家たちは喜んでとったのです。

このことはそのまま、音楽の世界に当てはまるように思われるのです。

第三章　音楽の素材と表現

音楽以外の芸術にあっては、一つの作品が成り立つためには、何らかの素材が必要です。文学や詩にあっては、登場人物とかある思想や感情などがその素材とならざるを得ませんし、絵画にあっては、目に見える有形的なものがぜひとも必要なのです。たとえ、ごく近代の絵画にあって、色彩の対照と構成だけが純粋な絵画であると主張するものもありますが、そのような場合でも、雲に似た形とか、原形を植物の葉に求め得るものとか、あるいは直線のようなものとかが組み合わさっているのであって、とにかく素材は必要であり、その素材はこの現象界に類型を見出《みいだ》すことが可能なのです。

前にも触れたのですが、ただ一つ、音楽作品のみはショウペンハウエルが述べているように、現実界に何一つの類型をもたないものが基準となるのです。これは、今まで述べてきた意味では素材ではありません。その見地からすれば、音楽芸術のみは素材なしにこれを創ることができるといい得るのです。もちろん、これは音響そのものについて述べているのではありません。音響は現象界にみちあふれています。個別の音響を時間的に連ねていくその構成の原動力となるものについて述べているのです。これを音楽における素材と呼び得るか、また、基準というべきかはかなり困難な問題です。この音を美しく配列する上の原動力、すなわち基準は、音楽における形式観という問題に進んでいくことになりますが、ここでは一度話を元にもどして、素材と表現というものについて考えましょう。

今ここに一枚の女性の絵があるとしましょう。この場合、女性は素材であって、この絵の価値は、この女性には何の関係もなく、その女性をどのように描いたか、ということのみにかかっています。いわば、その表現だけが問題となっているのです。決まりきった話ですが、これが正しい絵画の鑑賞の立場なのです。

一方、音楽にあっては、素材と表現が絵における場合のようには簡単に分離することが不可能であるばかりでなく、素材そのものが既に表現の一部となり、表現そのものが素材であり得るという奇妙な現象を呈するのです。平易な例を挙げましょう。今、フランスの画家が日本の女性を描いたとしましょう。この場合、この絵画がフランス風なものであることは論をまちませんが、もしフランスの作曲家が、日本の在来ある旋律を主題、すなわち素材としたとしましょう。この場合、この作品の国籍を聴き分けることはかなり困難となるのです。これは採用された主題が、素材なのか表現の一部なのかということが、音楽にあっては極めて錯雑しているからなのです。したがって、他の芸術に、より親しみをもつ人たちは、音楽から何らかの明確な素材を嗅《か》ぎ出そうとするのですが、その多くは失敗するのです。

標題の付されている音楽にあっては、それを拠《よ》り処《どころ》として、さまざまな幻想を試みることも可能ではありますが、これとても、前にも述べましたように正しい鑑賞ではないのです。もっとも川の流れとか、鳥の鳴き声の擬声音を取り入れた、単に自然の模写に過ぎないような作品は別として、作品に付されている題名は、作家が単に自分の霊感の活動を容易にする目的のために選んだ一つの方便に過ぎないのであって、決して素材でもなく、またその題名に関して想像を逞《たくま》しくしてほしいという意味でもないのです。もちろん、題が付されている以上は、それに関連した見方をすべきであるのですが、作者はそれに付随したことを連想しながら聴くことを、望んでいるのではないのです。

繰り返して申しますが、作品に付された題名は単に作家が、自己のイメージを働きやすくするために選んだ方便に過ぎないのです。要は、その作品がいかに音楽的に構築されているかを見れば足りるのです。このような態度は、他の芸術にあっては極めて普通なのですが、ひとり、音楽となると混乱するのです。それは既に述べたように、音楽にあっては、題材と表現が明確に区別し難いことと、また音楽を連想によって受け取る習慣が根強いからに外ならないのです。

もう一度、話を絵にもどしましょう。今ここに裸婦と題された一枚の女性の絵があると仮定します。この場合、裸婦がどのように絵画的に表現されているかということのみがこの絵の問題なのであって、作品は選ばれた題材である裸婦に関して、諸々《もろもろ》の連想をたくましくしてほしいと望んでいるのではありません。もちろん、女性の肉体に関する諸々の幻想や憶測を主目的とする絵もあるのではありますが、これを、私たちは春画と呼び純粋絵画としては受けとらないのです。また、たとえ作者が芸術的な感動からのみ描いた裸婦であっても、見る人によっては、春画と同様に考えられるかも知れません。これは鑑賞者側の誤りであって、作者はそれを望んでいるのではありません。やはり誤った受け取り方といわねばならないでしょう。

同様に音楽にあっても、その方便で選ばれた題に基づいて諸々の連想をたくましくする態度は、その連想そのものがいかに美的なものであったとしても、いわば春画的な見方といわざるを得ないことになるのです。

私たちが音楽作品を聴く場合に、第一に心がけねばならぬことはこのことです。すなわち、その作品にあって、音がどのように美しく構成され、また、どのような運動をするかということにかかっているのです。

もっと平易にいえば、音楽は音の純粋舞踊のようなものだと考えればいいのです。舞踊にあっても、素朴なものは、ほとんどが物真似で出来上っております。私たちの伝統的な舞踊は、伝統音楽がほとんど連想を強制したのと同様に、物真似、すなわちマイムのみで構成されているのです。ことに文学と関連をもったものに、その傾向が多いのです。かえって、盆踊りなどにはそのようなものは少ないのですが。

ゲーテは「建築は凍った音楽である」と述べておりますが、この言葉は、誠によく本当の音楽の在り方を示しており、また同時に音楽の鑑賞の立場をも示しているのです。

この素材と表現という問題は、音楽を鑑賞する上に非常に大きな作用をもつものですから、更に蛇足のようですが、文学における場合も考えてみましょう。今私たちが毎日接する新聞記事を例に挙げますと、これらの記事は、最初に読んだ時は私たちに非常に大きな感動を与えることがあっても、翌日には、もう一度その内容を知ってからこれを見ると、もはや前日の感動どころか、何の訴えさえもない場合が多いのです。もちろん、同一事件の報道であっても、記者によって、その感動の度合は異なりはしますが、それは僅少《きんしょう》なものです。この場合、新聞記事というものは、その表現に力があるのではありません。単に報道する材料や素材にあることが明瞭《めいりょう》です。いいかえれば、記事は報告であって文学ではないのですが、しかし、ここに記者が報道した素材は、もちろん、立派な文学の素材となり得るものなのです。生活に困って子供たちのために食料や物品を盗むというふうなことは、戦時および戦後には極めて多い事件であって、私たちはいわば不感症となったほどですが、今なおユーゴーのレ・ミゼラブルにあって、子供のために燭台《しょくだい》を盗む出来事は、私たちに大きな感銘を与え、恐らく、今後も同様な感銘を与え続けることでしょう。同一の事件が一つは新聞記事として一日で忘れられ、他の一つは人類と共に生き続けるのです。ここに文学の魔的な神秘力、恐ろしさ、いわば芸術の力、いいかえれば素材と表現の立場を明確に顕《あら》わし得た精神の勝利があるのです。

そのことは、音楽にあっても全く同様なのですが、その分離がいささか困難であるために文学を新聞記事として読んだり、また新聞記事に過ぎないものを文学と誤認したりするのと同様な混乱が、平然と行われるのです。たとえばベートーヴェンの「田園交響曲」の中に、明らかな鳥類の鳴き声の模倣が用いられておりますが、これが新聞記事的なものか、また文学的なものであるかを自ら考えてみることは、興味ある問題なのです。これは一部の人には侮蔑《ぶべつ》され、また他の人には賞賛されているのですが、自分はどのように感ずるかを自ら問うてみることは無駄ではないでしょう。

このような極めて平明な点から、鑑賞の自主性を獲得していくことが、案外に大きな効果を生むものなのです。

またダカンの「郭公《かっこう》」、レスピーギの「鳥」などとその発想の立場を比較するのも面白いでしょう。

第四章　音楽は音楽以外の何ものも表現しない

「音楽は音楽以外の何ものも表現しない」というのはストラヴィンスキーの有名な言葉です。また、哲学者アランも、全く同一な意見を述べております。

これは十九世紀のロマン派の音楽、いわば音楽は何ものでも表現し得るといわぬばかりの風潮に対して吐かれた言葉であって、いくらか誇張はされているのですが、しかし事実であることは間違いないのです。ここに用いられている表現という言葉は、今までに用いてきた表現とは意味がいくらか異なるのです。

音楽は自然界がもつ自然音、風とか、波とか、物が落ちる音とかとは異なって、人間の意志、または理知によって組み立てられたものですから、それがどのような動作であっても、それ自体、一つの表現であることは説明するまでもないことです。

ここに用いられている表現という言葉は、平明にいえば「音楽は言語のようにある特定のものを説明するものではない」というほどの意味なのです。これもそういわれれば、わかりきったことなのですが、なかなか意味深そうなことを好む作曲家と鑑賞者が多いので、この言葉が吐かれたのです。

たとえばエリック・サティの無類の傑作である「ジムノペディ（裸形《らぎょう》の頌舞《しょうぶ》）」と、有名なシュトラウスの「ツァラトゥストラはかく語れり」とを比べてみましょう。音楽の愛好者の中には、このニーチェの哲学の背景をもつシュトラウスの作品に接すると、あたかも自分もまた哲学者ででもあるかのような荘重な面持ちで、その音楽いかんにかかわらず、大いなる感動を示す人が多いのです。一方、サティの「ジムノペディ」は外見も単純であって、極めて緩《おだ》やかな一本の旋律が繰り返し奏される短少な曲なのでありまして、世俗的人気はシュトラウスに比ぶべくもありません。しかし、もし音楽を知る人であったら、その評価は完全に反対となるのです。「ジムノペディ」は人類が生み得たことを神に誇ってもいいほどの傑作であり、シュトラウスの作品は題名だけが意味ありげで、内容は口にするのも腹立たしいほどのものなのです。

ところでこのような全く反対な評価はどこから生まれるのでしょうか。それには、いろいろな理由がありましょうけれども、最も大きな因子となっているものは「音楽は何かを表現する」と考える音楽観にあるのです。これは今まで述べた、連想とか題材と表現とか、また音楽そのものの直接効果とかという問題と同じ点に立ち至るのです。

これは際立った例ですから、問題ははっきりしているのですが、作品の価値判断がこのような見解の相違によることが少なくないのです。

したがって、もし一人の人が純粋な音楽観をもっていたとすれば、「ツァラトゥストラ」に感動しないのは当然です。またこれに感動する人のいう言葉も、またその意味もわからないのが当然です。そしてそのことは、むしろ正しい音楽を理解し得る能力をもつことを証明しているのです。百歩下っていいますと、音楽を少なくとも誤解し得ないだけの頭脳をもっているのです。

私たちは、このように音楽以外のものの助けによって、その音楽に意味あらしめようとするような作品を軽蔑《けいべつ》しなければなりません。これは音楽ばかりでなく、他の分野にもあり得ることなのですが、他の分野の場合は、その馬脚が表われやすいので、これを見分けることが極めて容易です。

たとえば「出征前の日」というふうな絵があると仮定しましょう。この場合、作者はこれを鑑賞する人に、少なくも、今夜が最後であり、翌日は涙を伴った別れの場があることを思い起こしながら、見てほしいという考えを示しているのです。自分の画筆ではとても表現のできないことを、題名によって劇的要素を借用して、その作品の感動を高めようともくろんでいるのであり、紙芝居の絵と同様なのです。しかしこれなどは、どんな人にも、絵以外の不純な要素が入っていることを見極め得るのですが、前にも述べたように、音楽では他の芸術における素材ともいうべき個所が不明瞭《ふめいりょう》になっているので、哲学を装った怪物がそこに坐《すわ》り込んでも、なかなかそれを見破りがたいのです。

しかし以上の話によって、音楽は哲学や宗教や思想と何も関係がないという意味にとってはならないのです。作品が見事に構成された場合は、作品それ自体が一つの哲学的表現となることは明らかです。この場合、私たちはその作品から作者の思想、哲学、その他を明瞭に読み取ることができるのです。それでこそはじめて作品といい得るし、また、鑑賞者の立場からも鑑賞にたえ得られるのです。

マラルメの有名な「詩は思想で創るのではなく言葉で創るものだ」という言葉がありますが、これは、ある詩人が彼を訪ねて、私は今、作品を生むに十分な意図と思想はあるが詩ができない、どうしたものでしょうという訴えに対して吐かれたものです。

これは主として制作者の立場から述べられた言葉なのですが、同時に鑑賞者にも当てはまる言葉だと思います。

これを音楽に当てはめれば「音楽は思想で作るものではなく音で作るものだ」というこ

とになります。また鑑賞の立場からいえば「音楽は思想で聴くものではなく、その音を聴くべきものだ」ということになるのです。

もしこの態度で音楽作品に接するならば、「ジムノペディ」と「ツァラトゥストラ」の価値は火を見るよりも明らかに見分けることができるのです。

もう一度繰り返しますが、思想も哲学もなく音を組み合わせるという言葉を、単なる音楽理論や思いつきで音をならべる機械的な職人風な音楽が本当だという意味にとってはなりません。

思想で書くものではないと述べているマラルメの作品には、自《おの》ずから極めて高度な思想がにじみ出ているのです。

無感動に理屈だけで配列した音群は、断じて音楽でさえもないことは申すまでもありません。

しかし以上述べたように、まったく思想とか哲学を離れて、もう一度音楽を純粋に聴きなおしてみようとしても、やはりシュトラウスの方が荘重に立派に聴こえるということがあるかも知れません。

また十分にあり得るからこそ、一般に人気があるのです。これには、その人の音楽美感の差によるのですが、更に大きな因子として、医学の分野に入りますが、私たちには条件反射というやっかいな現象があるからなのです。これについては次に章を改めて述べることにしましょう。

第五章　音楽における条件反射

条件反射とはパブロフの有名な医学上の学説です。今ここに一匹の犬がいるとし、これに食物を与える前に常に一定の鈴とか、鐘とかの音を聴かせることにします。これを長く続けると、食物を与えずにただ鈴を鳴らしただけで、食物とは何の関係もないその音によって、犬は唾液《だえき》を分泌するようになるのです。このような現象を条件反射というのです。

今、私たちの音楽観を考えてみますのに、もし不幸にして幼少の頃から、前述した種類の不純な思わせぶりな音楽を、何かこれが本格の音楽であり、また荘重なものであると教え込まれながら聴いていたとすれば、今急に考えを変えてみましても、そのような響きに接しますと、何か荘重な感じに打たれるという現象を呈するのです。これは感情面における一つの条件反射ということができましょう。

自分の音楽観が、どの程度までが条件反射的なものであるかを見極めることは、はなはだ困難なことではありましょうが、努力によっては修正が可能です。

私事にわたりますが、私もまた音楽に興味をもった初めの頃は、無反省な音楽の溺愛者《できあい》や、商業政策のために無理に誇張されたレコードの解説や、また誤った教師たちの意見に盲従するより外はありませんでした。そして実際につまらない作品に、自ら感動しようと努めたりも致しました。また、どうしても感動のできない作品であっても、あまり世評の高いものであれば、自ら感動しているはずであると、自分に、いい聞かせたりもしたものです。しかし、これは実に間違った努力でした。いわば、音楽を聴きながら音楽を聴かないように努力していたというべきものでした。

音楽の世界では、この誤った鑑賞の勢力が極めて大きいので、今なお、私の通ったと同じようなコースを苦しんで通っている人があるはずなのです。誤った音楽教育を受けるよりは、むしろ音楽から遠ざかった方が賢明だったとさえ思われるほどです。

何はともあれ真の音の美しさを味わうためには、自己の中にある既成の音楽上の観念を一度捨てて、純な素直な心がまえで、音楽にもう一度触れてみる必要があるのです。

少年の頃、チンドン屋を聴いて喜んだのと同じような素直な心で、音楽に触れる必要があるのです。ゲーテのいう、「真の教養とは、再び取り戻された純真さに他ならない」という言葉を、このような場合に流用してもさして大きな誤りではないでしょう。

音楽の鑑賞にチンドン屋を引き合いに出すことは、あるいは度を越したことと考えられるかも知れませんが、前述したストラヴィンスキーの自伝には、これに類似した極めて興味ある話が記されています。

多くの音楽家の伝記や自伝は、たいていは幼少から音楽に優れた才能を示すような話でみちており、出生の初めから、私たちとは別種の選ばれた特殊な人間として描かれるのが一般なのですが、ストラヴィンスキーは自分が初めて音楽に心惹《ひ》かれた話として、次のように述べております。

ある日、鼻の先の赤い一見して乞食《こじき》風の男が、きたない恰好《かっこう》で木の切株に腰を下し、手を腋《わき》の下に入れてブーブーという音をさせながら、奇妙な声で歌っており、そこには近所の少年たちが群がっていたのです。もちろん、少年のストラヴィンスキーもその中にいましたが、その夜、家に帰ってから、この音楽とも何ともつかないものに熱中して、母親に下品な真似をするなと叱られるのです。しかし彼は、この方法に大きな喜びを見出《みいだ》して、ひそかに自分の部屋で幾度も試みたのでした。

彼はこの事件の前にも、いろいろないわゆる、立派な音楽を聴き得たはずなのです。特に彼の父親はマリインスキー劇場に二十六年もつとめた主役のバス歌手だったのですから。にもかかわらず、この赤鼻の男の奇妙な歌から最初に音楽的感動を受けたところに、彼のそこなわれない真の音楽家としての感性が認められます。

また、母親に叱られながらも、これを試みるところに彼の美感に対する信念と、彼の二十世紀前半における音楽の世界に対して行った戦いとが認められ得るのです。この場合の母親は、ちょうど当時の教養ある文化人の立場に立っているのです。彼の一生は世俗的な教養と戦うことに終始し、終《つい》に現代の音楽をして、真の音楽の美の世界に導いてくるのです。

極めて世俗的なチンドン屋とか、祭の笛の美しさに耳を閉じる人は、もはや音楽家とはいえないでしょう。法隆寺の仏画のみを理解し、路傍の地蔵や石仏に眼を向けることのできないような人が美術家とはいわれ得ないのと同様です。前述したジイドが指摘している吟味されつくしたものより外に、美を見出し得ない人というのは、いわば簡単に条件反射に支配されて、それ以外にのがれることのできない人なのです。

しかし以上述べたことは、決して定評のあるものがすべてつまらないものだというのではなく、定評があって、しかもなお立派であるものはたくさんあるのです。定評が生まれるためには、もちろんそれだけの理由があるのですから。ただ条件反射に支配されない目で見るのでなくては、ただ定評あるもの以外の美を見つけ出すことはできないというのです。知性をもつ一個の人間にとってこれ以上の恥辱はないでしょう。

第六章　純粋音楽と効用音楽

今まで述べてきたことは多少標題楽的なものにもせよ、また純音楽的であるにもせよ、主に、純粋音楽の立場からのみ眺めたのですが、音楽の世界には、その他に効用音楽と呼ばれるものがあります。これは別種の見方をしなければなりません。主眼はその効果におかれるのです。絵でいうならば、食欲をそそるために飾られる食物の看板、種々な目的のためのポスター、小説の印象を、補助するために用いられる挿絵、崇高、敬虔《けいけん》な宗教心を誘起させるための宗教画、または人物とか歴史上の事件を残すために描かれる歴史画とか、種々なものが数えられます。このように絵画の効用面を拡大利用するものがあるのと同様に、音楽にもこの種のものがあるのです。すなわち、士気を鼓舞するための軍楽、劇の付随音楽、映画音楽、宗教楽、また、音詩とよばれて、詩的な幻想の伴奏を主目的とする音楽等々――。

いわばギリシャの悲劇以来踏襲されている音楽の効用面のみを利用する音楽なのです。

これは純粋音楽とは別な立場に立っているものであって、前に述べてきましたような見地からのみ眺めるべきものではないのです。また効用音楽の方が、純粋な音楽より必ずしも価値が低いというのでもありません。その各々には、それぞれ異なった任務があるのです。鑑賞の立場という見地からすれば、効用音楽の場合は、その目的が極めて明確ですから、思い惑うようなことは少ないのです。しかし、いかに効用が主目的であっても、作品はそれ自体完全なものでなくてはなりません。また、この完全さは、その適応の度合いを尺度としなければなりません。

たとえばポスターにあって、その着想がいかに見事でありましても、描かれた絵が効果上まずければ、それは何物も訴えることも、伝えることもできません。挿絵でもまったく同様です。絵画的には立派であっても、決して必ずしも挿絵として成功しないのです。音楽にあっても同様なことがいい得るのです。劇音楽にあって、それがいかに音楽的に完璧《かんぺき》に書かれていたとしましても、効果上の見地から見てよく作られていなくては、その劇の情緒を助けることさえもでき得ないのです。しかし逆にこのことは、効用音楽はどのように非音楽的でも良いというのではありません。別種の尺度が参加するものであることをいっているのです。これは主に作る方の側のことですが、鑑賞にあたっては立場がはっきりしているだけに、価値を判断するのは極めて容易です。少しも士気を鼓舞しないような軍楽は、軍楽として明らかな失敗であることは説明を要しません。

純粋音楽にあっては、鑑賞の主眼は常に音の運動とその継続に向けられていなければならないのは、前述した通りなのですが、このような純粋な音楽にあっても、時代的風潮または個人的なものによって、その思考と尺度に多少差があったのです。

一方、効用音楽にあっては、ギリシャの時代から観点は少しも変わってはいないのです。すなわち、いかにして望む効果を上げるかということに、常に主目的がおかれてきたのでした。これは時代や国籍を問わずに一様な考え方がされたのです。このように目的は不変ではあったのですが、その効果のための手法が、逆に時代の感性の支配下におかれねばならなかったのです。身近な例として、新派悲劇といわれた時代の、劇音楽を思い起こしてみましょう。一人の登場人物が舞台で死ぬと仮定しましょう。このような場合は、登場人物の死と同時に大きな銅羅《どら》がゴーンとなって、笛が悲しげな旋律を奏したものでした。当時は、それが真に悲劇的なものとして響き、観衆の涙を誘ったものなのです。しかし未《いま》だそれから幾年も経たない現在、もしこのような音楽を悲劇的効果として用いたとしたら、少年でさえも笑い出すに違いないのです。今、私たちはそれを思っただけでも何かコミックなのです。これは明らかに時代によって効果の印象が変わったことを示してはいますが、音響によって悲劇的印象を強調しようという態度には、いささかの変わりもなかったのでした。ギリシャ悲劇に付されていた音楽は、あるいは現代の私たちにはこのようにコミックに響くかも知れません。また想像を絶した悲劇的印象をもっているかも知れません。当時の彫刻等があまり立派にできているので、コミックなぞということは考える人もいないでしょうが、芸術が効用を主目的とした場合は、時代的差によって、予想外の印象の食い違いをもつことは考え得ることなのです。

今日の映画にあって、さきに述べた舞台における死の場面があったと仮定しましょう。この場合、人が倒れると同時に、音楽が始まったとすれば、その音楽がどのように立派にまた現代的な感覚から見て悲劇的であるとしても、今の観衆は一種の面映《おもは》ゆさとコミックに似た感じをもつことと思います。なぜそのように感じるかは、さまざまな理由によるのでしょうが、今日ではとにかく、そのような場面に音楽を用いないか、それとも用いるとしても、少しく事件に先行するか、または少し遅れて音楽が始まり決して同時ということを致しません。ギリシャ悲劇は恐らくこの純真な同時の方法をとったに違いないと思われるのです。これは十九世紀までは劇音楽として極めて当然のことであったのですし、また心理的に見ても妥当なものなのですから。

もし、そのようなものであったとすれば、現代の映画を見慣れた人には、いくらか、コミックに感ずることがあるかも知れません。この音楽が事件と同時に始まることに対する感覚は、舞台と映画とでは異なるのです。歌劇などにあっては、それが普通です。このような差が何によって起こるかは一考に価するでしょうし、あるいは映画の限界を示すことになるかも知れません。たとえば、ムソルグスキーの「ボリスの死」などは、誰が一体感動なしにあの死の音楽を聴くことができるでしょうか。

しかし、これはいささかの不思議もない当然なことなのであって、「ボリス」は劇にその題材を求めたとはいえ、立派な芸術作品であるからに他ならないのです。

純粋な芸術にあって、純な思考がコミックに響くなどということは断じてあり得ないことなのです。いわばここに効用音楽と純音楽、劇と映画の微妙な差を見ることができるといえます。

第七章　音楽における形式

「形式と内容とを分け得ると考える素朴な時代は終わった」とヴァレリーは述べておりま す。これはいうまでもなく真理ですが、ここにいう形式とは、そのように厳密に考えられ たものを指すのではありません。

私たちが一つの音楽作品を聴いた後に起こる印象は、作品をなにか時間的な横の流れと して感ずるのが一般です。音楽作品は、時間と運動とその継続の芸術ですから、その運動 を上下と考えても、また前後と考えても、なんら支障はないのではありますが、私たちが 運動、すなわち、位置の変化を考える時は、横の動きが最も一般的な観念であるのです。

また音楽にあっては上下という観念は、音高、すなわち、高い音、低い音という観念で埋 められ、前後の動きは強弱という観念と結合されやすいために、高低強弱をもった音楽作 品が時間的に流れる時は、必然的に横の流れとして感じやすいのです。したがって、邦楽 で用いる縦書きの譜は、何か不安な印象を受けます。

とにかく、一つの音楽作品は、ちょうど目の前を横切る長い列車のようなものとして受け取ることができます。この場合、最初の一輛《りょう》から最後の車輛に至る間にはなんらかの尺度によるある秩序、または系列が認められるのです。初めの四輛は三等、次の四輛は二等、その中央に食堂車があり、次に一等と最後に展望車があるといった具合にです。このような系列が音楽にあって時間的な立場から意識された時、これを私たちは音楽の形式と呼んでいるのです。

音楽の形式は、ここに述べた列車のようには簡単ではありませんが、二つの際立った部分の対比によってできているものを二部形式、また、三つの部分からなる時、これを三部形式と呼ぶのです。もちろんこれらから変形されて、ロンド形式、ソナタ形式その他種々なものが出来上がるのではありますが、それらの詳述は本書の範囲を超えるので割愛しなければなりません。今、際立った二つの部分といいましたが、これらの二者の差異は何によって作られているかといいますと、律動、旋律、和声のほかに強弱と速度の要素が入るのです。律動的にして速く強い第一部に対して、穏やかな静かな旋律的部分が対比としてその第二部を構成するというようにして組み立てられるのです。また、そのそれぞれの部は対句、句、節、動機というふうなものによって組み合わされているものですが、これらに対し満足のゆく説明をするには、いよいよ実際の音、もしくは楽譜の助けを借りなければならないので、ここには詳述は不可能です。

次にこのような問題を離れて、現在一般に認められている形式観というものについて考えてみましょう。

形式のない芸術というものはあり得ないのですから、音楽が存在したその時から、音楽はそれなりにある形式をもってはいたはずですが、私たちがいう意味での形式という観念は当初はまだなかったのです。

音楽が、舞踊とほとんど同じものであるように考えられていた時代は、音楽は単に律動的な類似な動きを、踊りの終わるまで、執拗《しつよう》に繰り返したでしょうし、踊りの群が二つに分離され、それぞれの群によって性格的に異なるものが踊られるようになったにしても、それは二つのものの対比、いわば、私たちが現在ロンド形式と呼んでいるものに類似のものを生んだに過ぎないのです。またギリシャ時代には音楽は詩の付随物に過ぎない場合が多かったのですから、音楽は単に詩の律動、すなわち、ロング、ブレーヴといわれた二種の長さによって生ずる詩韻上の律動に付随して動いていたに過ぎないのです。もしそこに形式があったにしても、それは発生の根元は詩すなわち言語上のものであって、音楽的に自立できるものであったかどうかは極めて疑わしいものと思われます。

それ以後の長い歴史にあってもまた音楽は、舞踊を除けば、多くは、詩および文学の侍者にしか過ぎなく、したがって音楽のみが独立し得るような形式の必要は、ほとんど感ぜられなかったのです。

今、私たちのもっている日本の伝統音楽について考えてみても、音楽は、詩あるいは言葉、語られる物語の筋等に付随していろいろ変化していくのみであって、音楽の立場から見て独立的な形式は認め難いのです。ただ、音楽が文学の支配から逃れた場合、簡単にいえば、歌のない器楽が確立された時、この音楽の形式観の必要が感じられたのです。たとえば、歌をもたない「六段の調」といわれる琴の曲は、ヨーロッパに発生したソナタ形式を思わせる形式をもっているのです。

ヨーロッパにあっても、これと同様の歴史を通過しています。すなわち、音楽が文学、劇、宗教から分離して独立した時に、この形式への意識が強く自覚されはじめるのです。音楽のための音楽はかなり早くから生まれるのですが、この形式観の確立は十七世紀になるまで待たなければならなかったのです。音楽史上ベートーヴェンを含むウィーン楽派と呼ばれるものが、この音楽上の形式を確立したのでした。

今、ここで問題として取り上げたいことは、現在もなお最も完璧《かんぺき》な、ほとんど、改変することができ得ないと考えられているソナタ形式と呼ばれるものについてです。これは、ベートーヴェンによって完成されたと見られているもので、その構成は複雑化しておりますが、いわば三部形式の変形なのです。この三部形式というのは三部からできてはいるものの、三部がまったく異なった要素によって作り上げられているものではなく、一部と三部は同種のものに根源をもつものなのでして、いわばこの形式観は、視覚における相称(シンメトリー)という観念と同様なものなのです。

ここで私たちはこのシンメトリーの美というものについて一考する必要があるでしょう。私たち東洋人、殊《こと》に日本人の伝統的な造形観は、何かこの左右対称のシンメトリーという観念を、計算され過ぎたもの、いわば美から遠いものとして受けとってきたのです。それは確かに計算された安定感をもってはおりますが、私たちは、このような単純なバランスを破ることに、一種の特別な情熱を示してきたのです。この感覚は民族がもつ一つの審美感であるのか、また、審美感が着けた時代的な衣裳《いしょう》に過ぎぬものであるかは別としてとにかく、着物の柄にしても、茶碗《ちゃわん》の形にしても、絵画でも、建築の如く力学的均衡を基礎とすべきものまでも、しばしばこのバランスを破って喜んだのです。したがって、視覚的にシンメトリーを単純だと考える私たちの感性は、この聴覚的な同格物である音楽の三部形式を、あまりに計算された面白味のないものとして受け取ることは十分あり得ることはおわかりのことと思います。事実、いわゆる、日本音楽のみの愛好者にこの三部の形式、更にいえばソナタの形式を聴かせると、第三部がいたずらな重複だと感ずるのです。もちろん、ヨーロッパにあっても、この形式を無視することは、近代になって行われてはいますが、彼らは伝統的にシンメトリーを愛したのであって、今、行われている破壊は、いわば知性のみによるものなのであって、私がここで述べようとするものとは、問題は本質的に異なるのです。

ここで、形式の安定感ということが問題となりましたが、芸術における安定感というものは、それを構成している素材によって異なるものであって、力学におけるように、重心線が底面の中央に近づくほど安定であるというふうな一様な基準があるものではないのです。たとえば石材で造られたピラミッドは、あのような四面体で、力学的にも視覚的にも安定感をもっているのに対し、一方その側に立っている椰子《やし》の木は、上方が大きく力学的には確かに不安定でしょうが、繊維質で構成されているので、視覚的には、いい換えれば芸術的な見地からは、不安どころか、別種のこの上もない安定感をもっているといえるのです。石材で造られている椰子の形は、恐らく不安に堪えぬものでしょう。私たちとは別種のイディオムによるヨーロッパの音楽は、あるいはこのようなシンメトリーに立脚しなくては安定感を与えることができぬのかも知れません。

話は大分、脇道にそれましたが、音楽の真の美しさを鑑賞するには、どうしてもこの形式に対する感覚を養わなければならないということを強調したかったのです。

殊にソナタとか、交響曲とか、室内楽等はこの形式感と、構造的均衡美がその主眼なのですから、このような形式に立脚した見地から音を聴く態度をも養わなければならないのです。

既に述べたところですが、ゲーテが建築は凍った音楽だといったのは、彼が音楽をこのような構造的均衡という立場から眺めていることを物語っているのです。

以上述べた形式感というのは、その順次に配列された関係のみではなく、それらの部分が有する時間的な長さの対比ということも、音楽のような時間的芸術にあっては極めて重要な要素なのです。絵画にあって、色彩のバランスといわれるものの中には、その色彩のみの対比の他に、おのおのの色彩が画面の上で占める面積、形態の比が参加するのと同様なのです。この点、時間的な配列の誤算のために、形式感が全く逆になる場合さえもあるのです。

話は、いささか尾籠《びろう》にわたりますが、私が少年の頃、直接アイヌの古老から幾度か聞かされた寓話《ぐうわ》に次のようなものがあります。ある一人の子が、いつも用便をする前にその尻を拭《ぬぐ》うのですが、これを見た母親が、それでは意味が無いとおかしがるのです。ところが、この様子を見ていた一匹の犬が、結局は同じことなのに、何がおかしいのかといって、これもまた大笑いするというのです。

この場合、犬の見解からすれば、用便と、拭うという二つの動作が単に交互に繰り返されているのみで、正常な方法とこの少年の方法との間に何ら差を認め得ないのです。これは、二つのものの配列に時間の要素を入れることを忘れたからなのです。もちろん、この寓話には、他の別な意味、すなわち、尻を拭うということの不必要であることを指摘する一種のアイヌ的なアルカイックな健康への讃美の意もあるのですが。とにかくこのような寓話が残っているのです。

また、この形式と似た観念に、様式と呼ばれるものがありますが、これはスタイルの意味であって形式と混用されてはなりません。

これは、ジャズの様式とか、民族的な様式とか、あるいは純音楽的様式というように用いられるのです。いわば、その作風なり作品の性格を決定する方式のことなのです。形式は哲学的な思考の産物であり、様式とは、芸術が着ける衣裳なのです。

第八章　音楽観の歴史

古代の音楽観

音楽とは何かということを自問するようになるのは人類の歴史にあってかなり後の現象です。

さきに述べたように、現在でも、原始民族と呼ばれる世界にあっては、詩も、踊りも、音楽もただ一つのものであって、私たちが人為的に抽出する場合以外には音楽というものが、単独には存在しないのです。

ですから、このような時代におかれている音楽とは、舞踊が筋肉に与える喜びと同種の喜びを聴覚に与えたに過ぎないでしょう。しかし、既に、ギリシャ神話の中には、独立した音楽という観念が生まれています。ただ、現代の器楽と呼ばれる観念がどの程度存したかは疑わしいにしても、少なくも舞踊からは分離した詩と音楽の混合物、現代のいわゆる、歌曲の如きものは立派に存在したと考え得るのです。

たとえば有名なオルフェウスは心情のない石や木をも、その音楽をもって感動させることができたといわれ、またアルゴナウタイと歌をもって、あらそったり、いわば現代のコンクールの如きものが行われたのです。

また、その美貌《びぼう》と吟唱にすぐれたタミュリスがミューズの女神たちとその音楽の技を争い、ミューズたちに敗れて、その両眼と吟唱の技とを奪われた話なども、当時、音楽という観念がすでに独立したものとなっていることを示しております。

オイアグロスの子リノス（前述のオルフェウスの兄弟）は竪琴《たてごと》を能《よ》くし、ヘラクレスに教えるのですが、後に、リノスはヘラクレスを竪琴で打ったので、ヘラクレスは彼をまた、竪琴で打ち返し、これを殺してしまいます。

この話によれば、歌曲の他に既に竪琴だけの器楽曲もあったのではないかと考えることもできると同時に、ヘラクレスがいかに大力でも、竪琴でリノスを殺し得たとすれば、その楽器はかなり大形なもの、いわば相当に立派なもの、更にいえば、かなり立派な器楽があったのかも知れないわけです。

何はともあれ、音楽が舞踊から離れて存在し得たということと、音楽が何か、人の心に訴えるものをもっていて、いわば、現代の私たちが音楽を受け取るのと同じような立場をもっていたことが示されています。

しかし、ギリシャの神話を書き留めたと考えられているアポロドーロスは、ほぼキリスト生誕の百年位前の人ですから、この神話の中の音楽に対するあつかいが、あるいは、その著者の年代によっているのかも知れません。また一方、紀元前五〇〇年ピタゴラスの頃には、音楽は既に科学の一種であって、極めて神秘なものとして、同じ芸術仲間の詩とも、踊りとも、分離されて別個なものとして考えられていたのでした。ピタゴラスの教義によりますと、次のように音楽が遇されていたことが知られます。

その根源は数学にあり、これをもってすべてを律しようとするわけなのです。まず数の一は理性、二は弁論、三は力、四は正義を意味するというのです。五は最初の女性数二と最初の男性数三との結び合いによって作られているところから婚姻の意を寓《ぐう》すると共に、色彩に関する秘密も隠されているとしたものです。六は寒冷の秘密、七は健康、八は三の力と五の婚姻との和によって、愛の秘密が含まれているとするのでした。これらのことは、今日でも花言葉というものがあり、一つ一つの花にそれぞれの象徴的意味を含ませ、若い女性の方々に親しまれていることと同様なことなのです。また形体の面から申しますと、六面体は土、四面体（ピラミッド）は火、十二面体は天空の秘密を抱いていると考えたのです。中でも球は最も完全なる形であり、この完全なる球の配列によって作られている天空の十二面体の中における星の距離は、音の高さが絃《げん》楽器の絃の長さに反比例し、それぞれ調和するのと同じように、調和級数をなしていると考えたのでした。ですから音楽を奏するということは、数学の世界での問題であり、がっちりと数理的に構成された天体の運行は、最も完全なる音楽であると考えたのです。このように書きますと、当時の数学は極めて幼稚なものに思われましょう。なるほど古典数学にはちがいはありませんが、音楽理論は、かなり精密なものでした。今なお、ピタゴラス嬰《えい》半音、古代全音階、ピタゴラス・コンマ等は現代の音律楽の中にも十分生命をもつものです。俗人の耳には聴こえないのですが、この「天空の音楽」は、数の道を極めた人には聴こえたのです。今日の私たちが、難解な数式が見事に解かれていくのを見ると、ちょうど能く構成された交響曲を聴く時と同じ感銘に打たれるのと同様なのでしょう。これは私一人の印象ではないでしょう。たとえば、現代の数学者ラーデマッヘルとテップリッツによって書かれた『数と図形』という本の序文に、数学の喜びが、ほとんどバッハのフーガを聴くに似ていることを述べているのを見ても明らかです。

また「偉大な数学的事実や、精密な理論を理解するためには、長い期間にわたる訓練と絶えざる忍耐と努力とを必要とするのである。この点に就いても音楽との類似性は極めて顕著である」とも述べています。

ですから紀元前五百年のピタゴラスが運動を伴った数学である天文に音楽を感じたのは

少しも不思議ではありません。また、逆にギリシャ時代になると天文学は芸術の中に入れられたのでした。当時は芸術を九つの神に分けていたのですが、この分類によりますと、音楽は、既に詩とも、舞踊とも分けられていました。次にその九つの女神を掲げましょう。当時の音楽に対する態度がおよそどんなものであったかを知ることができます。九人の女神はそれぞれ詩神と呼ばれました。歴史（Kleiō）、修辞学（Polymnia）、天文（Urania）、喜劇（Thalia）、叙事詩（Kalliopē）、即興詩（Eratō）、悲劇（Melpomenē）、舞踊（Terpsichorē）、音楽（Euterpē）以上の九神だったのです。

九世紀のシャーレス一世の頃には、純粋推理の芸術、すなわち現代の考えからすれば、科学として算術学、幾何学、占星学、音楽学の四項目が取り上げられることになるのです。

しかし、以上述べた如く音楽を純粋科学と考えることは、一つの見方であって、現代でも音楽を即物的なものと考える人と、ロマン風なものとしてしか受けとらない人との二種があるように、紀元前の音楽にあっても、科学とはおよそ縁遠い現代の標題音楽と同じようなものとして取り扱う態度も同時に存したのです。

紀元前六百年頃には、アウロスと呼ばれた笛や、キターラと呼ばれた竪琴があって、これらが純粋器楽としても用いられたのです。荘厳な祭礼には、これらのコンクールが行われ、皆は「パイスィコン」という曲を奏したりしました。これはアポロの神と、パイソンという大蛇との戦を描いた一種の完全な標題楽であって、決して科学ではなかったのです。既に近世の如く楽章と呼ばれるものにさえ分かれていたのです。すなわち（一）序曲、（二）挑戦、（三）短長格――両者の格闘、喇叭《ラッパ》の音、大龍が牙《きば》をみがく音の模倣、（四）祈禱《きとう》、勝利の祝賀、（五）凱歌《がいか》からできていたのです。

このうち、短長格にあって行われる自然音の描写は、アイヌ等にあっては、現代なお行われているものです。化物の足音を真似た「イケリ・ソッテ」、白鳥の声を真似た「ケタッチリ・ハッフェ」、熊が歩く音「チソマリ・ヤッカリ・フム」、狐を真似た「スマリ・フウ」、その他、実に多くの擬音的標題音楽がトンコリと呼ばれる五絃琴で奏されるのですが、恐らくギリシャ時代も同様だったのでありましょう。この種の考えは、その後も音楽の世界からは消えませんでした。ベートーヴェンの「田園交響曲」や近代のモソロフの「製鉄所」も対象は異なったにしても同様の思考に基づくものといえましょう。

当時はまた、このような標題学的なもののみであったのではなく、やはり詩と結合する場合が遥《はる》かに多く、さまざまな精神状態が主題として取り扱われたのです。既にこの時代に創られた悲歌スコリオンでは、人生の虚無を歎《なげ》いているのです。考えようによっては、当時の音楽は、既に祈禱、勝利の祝賀によって宗教に、スコリオンの虚無によってニヒルなジャズソングの萌芽《ほうが》をもっているといえるのです。このように、人間はある心情に基づいて異なった性格の音楽作品を作り得ると同時に、今度は逆に音楽作品が、人間の心理にある影響を与えるものであることが知られ始めたのです。

プラトンおよびアリストテレスは、実証によって情熱や人間の道徳的本性におよぼす音楽の感化に関する理論を打ち立て、これを国家的な法則とし、遵守することを人民に強要し、これを勝手に変えることを許さなかったことは有名なことです。耳にしばしば入る音楽が、その精神に影響を与えるという考え方、およびこれを国家的権力によって支配せんとする考え方は、現在になお受けつがれていることなのです。ソヴィエト・プロレタリア・リアリズムが、ヨーロッパの資本主義の支配下にある音楽の色彩を、国の法によって排撃したのは明らかにこの流れをくむものといえますし、第二次大戦中、わが国の情報局によってとられた音楽政策もまた、同種の観点からなされたものと見ることができましょう。もちろんプラトンのものは、もっと本質的な音の動き、すなわち旋法に関するものではあったのですが。

以上を要約しますと、紀元前の音楽は、既に現代の私たちが音楽に関して提出するある種の思考方法の萌芽を示しているのです。科学に近いと考える即物主義、雰囲気を作り出し得ると考える浪漫《ロマン》主義、教育上の影響、純音楽的観点、標題楽的観点、さらに宗教との結合が示されるのです。キリスト生誕以後の音楽は、それぞれの時代によって、これらのさまざまな思考をそれぞれ、抽出拡大することになるのですが、その最大なものは何といっても宗教との結合です。ここにいう宗教とは主にキリスト教です。もちろん、音楽は他の宗教とも結合はいたしましたが、その結びつきは、音楽の文化史的な立場からは、ほとんど論ずるに足りないものです。現代でもシャーマニズムなどに行われているのと同様に、祈禱とも音楽ともつかないものによって病を治すことができるとも考えたのです。既に六世紀頃からその力を失っていくのではありますが、ケルト族の古宗教であるドルイド教やバードの吟唱詩人たちは、彼らの音楽によって、呪わんと意図する人の顔に悪性の腫物《はれもの》を作ることができると考え、また、その演奏によって、即座に害獣を斃《たお》すことができると考えたものでした。これはオルフェウスが無心の石や木を感動せしめたのと同じ考え方ではありますが、芸術的な背景が宗教や悪魔にとって代えられたので、文化的にはむしろ退化の方向に進んだと見るべきでしょう。

ギリシャ時代には現代の意味での作曲家というものは存在しませんでした。詩人「ポイエテス」に対して音楽家「ムジコス」という言葉はありましたが、ムジコスというのは音律学者と演奏家を指したのであって、作曲家は含まれません。私たちのいう意味の作曲という仕事は詩人「ポイエテス」が兼任する習慣であったのでした。自作の詩に旋律と伴奏を賦《ふ》すことは詩人としての当然の仕事だったのです。詩人ヘシオドスは自作の詩に伴奏を賦す能力がなかったために、優れた詩人でありながら、アポロ祭の競技に参加することができ得なかったと伝えられ、また、エウリピデスは自作の戯曲の音楽の部分を、他の詩人に依頼したことによって、当時、はなはだ良心的でないとの非難を受けたのです。現代の軽音楽の世界には、一本の旋律しか書かないで、和音や管絃楽法を全部他の音楽家に依頼する人がありますが、一般には、その態度を能力が不十分であるとか、あるいは良心的でないと考えるのですが、そのような感じだったのでしょう。

現在、私たちがいう意味の作曲家という観念は十五世紀になるまでないのです。一般に芸術の分野における始祖というものは、あまり信用のおけるものではないのですが、一四五三年に死んだジョン・ダンスタブルという音楽家がその始祖の名誉を負っているのです。現在のような意味の作曲家はないにしても、ギリシャおよびローマの音楽家たちは、詩を作り音楽を奏し、彼らの神々の栄光を讃《たた》え、また、その君主や支配者の徳を頌《しょう》し、あるいはその恋人を歌ったのです。

この点、造型的芸術にあっても、あの美しい神々や人体を彫《きざ》み、建築家は壮大な神殿や君主のために堂々たる宮殿を造ったのも同趣のことで、いわば、あらゆる芸術は生きることの喜びを壮麗な手法で歌ったのです。

宗教音楽の発生

しかし、キリストの誕生によって事態は急に変わってくるのです。ギリシャ時代の全部と、ローマの文化昂揚《こうよう》時代にあって、造型的な、そして形成的な芸術の土台となっていたものは、すべて、その基準をおきかえなければならなくなったのです。彫刻にあって黄金と象牙《ぞうげ》で作られたゼウスの偶像や、大理石に刻まれたギリシャ、ローマの神々はキリストとは全く融合しないものです。また、ギリシャ、ローマの壮麗な堂々たる神殿は、この廏《うまや》で生まれた神を祭るには誠に不似合といえましょう。これまで比類なき神々を讃えていた仰山な賛歌や華麗な詩も、どのような様式でこの大工ヨゼフの子イエスを讃えていいのか戸惑うのです。ちょうど、わが国にこの教が伝来した時「磔《はりつけ》になって、涙を流すような意気地のない男を何故に神としてあがめなければならないのか」といった武家の人たちと同様の戸惑いを感じたのでもありましょう。このように造形芸術および詩は、今までの尺度と様式を、変えなければならない必要に迫られることになったのです。しかし、あらゆる異教の芸術のうち、ただ音楽のみは、新たな適応のためにその様式と尺度を変えねばならぬという不利益を受けないですむのです。それまでの異教芸術にあっては、明らかに詩および文学の侍女に過ぎなかった音楽は、他の芸術が新しい尺度に適応するために、いろいろとその道を探し求めているうちに、なんらの困難もなく不自然さもなく易々として、新たなキリスト教芸術と呼ばれるものの主座にすわることになったのです。音楽のみは、それがもつ本質的な特性のゆえに、キリスト教の深奥の真理を表現することができると考えられ、終《つい》には音楽はキリスト教礼拝式の中核、むしろ礼拝そのものとなるのです。

この新宗教とのタイアップは、音楽に本質的な変形はもたらさなかったとはいえ、外見的様式の上で多少の変形を受けるのです。ギリシャ時代の代表的な作品であった「パイスィコン」において見られたような挑戦や凱旋とかの争いに関する出来事を歌う必要もなく、また大龍が牙をとぐ等の擬音的な模倣を試みる必要もなくなり、また「スコリオン」の如く人生をニヒルなものと考え、その虚無感を歌う必要もなく、恋情をそそる恋歌も、また肉体の喜びを根源とする舞踊のための音楽も必要がなくなるのです。

これらの争い、恋情、肉体の喜び等に関する音楽は必要がないというよりは、むしろ排撃されるのです。いわば、音楽はその音響によって深い宗教感に酔わすのが主目的となったのですから、音楽にとって最も本質的な部門ではありますが、肉体的な喜びと、また生きること、および世俗的な歓喜と関連をもちやすい明確な律動が音楽から取り除かれることになるのです。特に中世のシャルルマーニュ時代以降は、律動は単に肉体の運動のみに用いられ極めて下級なものであると見なされるに至るのです。この思考は現代もなお、ある種の音楽家の中にその住家をもっているのです。前に述べましたシュトラウスの「ツァラトゥストラはかく語れり」の不当の人気には、明らかにこの種の思考も参加しているのです。ニーチェの思考がいかに反キリスト的であるにしても、現代の多くの人たちにとって哲学という言葉は、かつての人たちにとっての宗教という言葉と酷似した心象を与えるのです。

とにかく、以上の如き思考に基づいて、極めて穏《おだ》やかな速度の、ほとんど、女性的でさえある単旋聖歌というものが生まれるのです。これはギリシャおよびヘブライの様式の結合であるともいわれ、また、フェニキア、エジプトの影響であるとも説かれ、更に、ノスチック教の礼拝の歌に酷似しているので、そこに、根元があるともいわれておりますが、今のところ、どれもさして決定的なものでありません。

ただ、ビザンチンの芸術としてコンスタンチノープル（現・イスタンブール）にその発生の源のあったことは、ほぼ確実です。後世、私たちはこの単旋聖歌をグレゴリオ聖歌とも呼んでおりますが、その名の起源となったグレゴリウス教皇は、コンスタンチノープルでこの様式を学び、帰国して単旋聖歌の学校を興したことが史実に見えております。

音楽の律動的な面を否定したグレゴリオ聖歌にあって、他の一つの重要な改革は、歌われる詩がギリシャ時代の如く韻文ではなく、完全な散文となったことであって、このことは音楽史上極めて重要な結果を生むことになるのです。ギリシャ時代にあっては、音楽は詩のもつ長短格によって作られる律動に、単に付随してゆくのみでした。いわば、音楽は律動の面でも完全に詩の支配下にあったのです。ところが、このように聖歌が散文を使用することによって、今まで詩韻の長短格によっていた律動は、音楽そのものの律動、または、言葉のアクセントによる律動に変わるのです。いわば中世にあっては、音楽が逆に詩の形式と様式とを決定するという在来のものとは完全に反対な様相を呈するのです。しかし、キリスト教の礼拝は、この単旋聖歌のみであったわけではなく、この外に二つの異なった様式の音楽も存在したのです。

その一つは讃美歌（ヒムン）と呼ばれ、明らかに根源をギリシャ、ローマにもつものです。これは後世マルチン・ルターや、現代の救世軍が一般世俗の旋律を借用して、勝手にその歌詞のみを目的に適合するように入れ替えたのと同様な方法によったのではないかと考えられているものなのです。

他の一つは九世紀になって、ノトカー・バルブルスという修道僧によって始められたシクエンス続唱と呼ばれるものです。これには中世の恐ろしい陰鬱《いんうつ》な反キリスト的な詩、および劇的要素、律動的要素等も現われ、トレントの宗教会議でその反キリスト的な点を非難され、そのいくつかが禁止されたほどなのです。このことは、八世紀の間、宗教にのみつかえ、音楽のもつ一面のみを強調されていた音楽、いわばその全《まった》き姿を歪《ゆが》められていた音楽が、その本来の姿を取り戻そうとする動きと見ることができるのです。このシクエンスが、不法なるゆえをもって禁止されたにもかかわらず、そのうちに、トロープと呼ばれるこのシクエンスを更に推し進めたものが現われるのです。これはもはや、音楽劇ともいい得るものなのですが、ペテロとヨハネが聖堂を訪れるところや、キリストの出現や、またコミックな役目の香料売りなどが登場して、マリアたちがその香料を買う場面さえも現われるのです。いわば、一種の歌劇「オペラ」が生まれるのです。

このように宗教よりも劇の因子に唆《そその》かされて、音楽は失われていた要素を取り戻し、多弁になってきたとはいえ、決して未《いま》だ現代の劇音楽のように、多くの複雑な音が使用されたのではなく、多人数で歌われ、また奏されることがあったにしても、それはやはり単旋、斉唱に過ぎなかったのです。

二つ以上の異なった旋律ないしは音が同時に重なることを音楽的だ、少なくも美しいものだ、と考えるにはまだもう少しの時間が、すなわち九世紀まで待たなくてはならないのです。

ポリフォニーの発見

ここに述べたように九世紀から十世紀に至ると、音楽観そのものには別に大きな変化はないのですが、音を二つ以上組み合わせることに新たな音楽的美を発見するのです。前にいいましたGymellum, Organumと呼ばれるものがすなわちその嚆矢《こうし》です。しかし、ここで注意すべきは、それ以前、人類が二つ以上の音を重ねることを知らなかったというのではありません。たくさんの絃《げん》をもつ竪琴を有していたギリシャ人が、一度もその絃を同時に掻《か》き鳴らすことをしなかったとは思われませんし、また、先にいいましたように、天空の音楽を夢みたピタゴラスが、調和級数で調律されている絃を、順次に、あるいは一つおきに掻き鳴らしたということも極めてありそうなことなのです。ただここにいう二つ以上の音による音楽というのは、多声部的音楽と呼ばれるものであって、音楽家たちが特別に解釈している言葉なのです。これは、一般に「ポリフォニー」と呼ばれるのですが、バッハのフーガなどに見られるように、それぞれ単独であっても一個の旋律線としての独立性をもっている旋律が同時に二つ以上結合したもののことをいうのです。もちろんこの二つの旋律はでたらめにただ重ねられるのではなく、二者の間には一定の心理的な、また音律学的な基礎的尺度に基づく関係がなければなりません。このような対比に関して考究する学問を私たちは対位法と呼んでおります。

また一方同様に、同時にたくさんの音を使用はしますが、ただ一つの極めて際立った他とははっきりと区別される旋律があり、他の音は、一個の音群として旋律の背景を形づくり、個々の音があまり独立的な印象を与えない種類の音楽があります。主旋律をのぞけば、他は一つの音群に過ぎないのであって、個々の音は独立したものとは考えられないのです。もっと平易にいえば、主旋律と伴奏に分けることのできるものです。このような音楽を同音的音楽、「ホモフォニー」と呼んでおります。いわばこれは君主政体的な様式ということができます。この場合も、多声部的音楽と同様に、主旋律と背景的音群の間、また、音群の中における各音の間に、一定の法則があります。このような立場から音の関係を考究する学問を私たちは和声学と呼ぶのです。現代の音楽は七割までがこの後者のホモフォニー、他の三割がポリフォニーで作られております。これらの二つの様式は一つの曲の中に混合される場合もあり、ポリフォニーのみで作られたもの、ホモフォニーのみで作られたもの等があります。既に述べましたように二個以上の音が組み合わされるとポリフォニーであろうと、ホモフォニーであろうと、ただの一個の音では想像もつかない多角性が音楽に賦与されるものです。このような手法によって喚起された私たちの心の中の動揺は、何か音楽だけ、すなわち直径一糎《センチ》にも満たない二個の鼓膜によるものとは到底考え得ない複雑なものと思われるのです。したがって、聴く人によって、哲学的なものに、視覚的なものに、また情感的なものに、あるいは劇的なものなどになんらかの関連と足場を見出《みいだ》そうとするのです。ごく、一般的にいえば、ポリフォニーの様式は、思索的なものを喚起し、ホモフォニーは情景および叙情的なものと関連を見出しやすいものです。このように二個以上の音を組み合わせることができるようになって初めて、音楽は芸術としてどのような立場を取るべきか、というふうな問題が起こり得るのです。印象主義にしろ、機械主義、その他のあらゆる音楽上の主義主張は、これらの手法の発見から発生するのです。一個の笛はなんとしても機械主義的な音楽の媒体としては不向きであるし、一個の太鼓は能く印象主義の夢を満たすことはできないのです。

私たちの伝統的な音楽、いわゆる、邦楽と呼ばれるものに、上述したような主義主張の表われなかったのは、他にもいろいろな理由はありましょうが、本当の意味の複音をもたなかったこともその一つの理由でありましょう。さまざまな音楽上の思考が流入された今日にあっても、邦楽の世界に見られる改革、革新は、このような芸術観には、ほとんど関心を示さず、ただにその旋法と律動および奏法上のものに限られているのを見ても、この辺の様相を知り得るようです。和音をもっているただ一つの雅楽は、改革には情熱を示すことなく、ほとんど完全なる保存にその主力が用いられているのですから、このような立場からは、問題として取り上げることができないのです。

トルバドゥールの音楽

十二世紀に入るとグレゴリオ聖歌ほど芸術的ではないにしても、同じくらい他の芸術にも影響を与えた、宗教音楽とは本質的に異なる別種の音楽が発生しました。

それは一般に吟遊詩人、すなわちミンストレル、トルバドゥールと呼ばれるものです。この二者は同じものではないのですが、この種の問題の取り上げ方によれば、同種として取扱っても差し支えないでしょう。

詩を唱し、楽器をもってこれを伴奏する様式は、ちょうどギリシャの場合と同様であるために、ギリシャ、ローマの伝統的音楽がキリスト教のため一時地方に追いやられ、地方文化の興隆とともに再現したのだと考えられもしましたが、今ではそれらとは関係なく、北方のケルト族およびアングロサクソン族に根源をもつと考えられております。そのように考えられる理由のうち、最大なものとして取り上げられるのは、その詩性と、詩の題材およびその嗜好《しこう》にあるのです。彼らの詩の主なる特徴は、ギリシャ、ローマおよび初期のキリスト教の精神には、ほとんど認めることのできない自然に対する感情の表現がありました。これはケルト族にあっては、六、七世紀の決定的な特徴であったからなのです。音律や旋法上の問題に関しては、比較すべき材料がギリシャ時代には残ってはおりません。

この、トルバドゥールのもたらした音楽は、中世の厳然たる古風な教会音楽とは、完全に対照的な性格のものだったのです。ちょうど中世にあって、厳然たるラテン語に対して、フランス語とかプロバンス語等の生命力に溢《あふ》れた地方語がその活力をもちはじめたのと極めて似た現象なのです。したがって、トルバドゥールの音楽は、何よりもまず、自分たちのもの、この世界のもの、親しみやすいものとして受け取られたのが最大の特徴なのです。しかし、決して今の私たちが考えやすいように庶民的であったわけではなく、やはり限られた王侯や地領、貴族のためのものでしかなかったのです。この点は現代から考えれば、やはり、中世的なことといい得るでしょう。この時代になると音楽は、かなり精密な記録を留《とど》めているので、古代ギリシャの音楽のように、単なる憶測によるものではなく、翻訳者によって多少律動の上で異なった見解はありますが、とにかく、現在でもかなり似た形で再現し得るのです。それらの再現したものによりますと、音楽の様式と旋法は極めて近世の音楽に似ています。音楽用語でいいますと、近世の長音階と呼ばれる旋法と同一のものが表われるのです。今日の私たちにとってはごく普通なこの長音階で書かれた旋律は当時の考え方からすれば軽佻《けいちょう》な心を誘引しやすいと思われたのです。識者は、その時代の堕落の例証として「若い女性たちがイオニア風の舞踊を喜ぶ」と述べ、その状態を嘆いております。ここにいうイオニア風とは長音階的というのとほぼ同じなのです。音楽の性格の上からは全く正反対ではありますが、現在の若い女性たちがブルーノートの入ったジャズ音楽を好んで踊るのを、退廃的だと非難するのに似ているわけです。ヨーロッパとは全然異なる音楽伝統によって育った私たちには、この問題は興味あることです。すなわち私たちの伝統音楽は、極めて古代のフリギアの旋法に似ており、またこの旋法はバッハに三曲あるのみで、以後、極めて最近に至るまで西欧の作家たちには全然用いられなかったものなのですが、それに育った私たちの耳は、最初、西欧の長音階に触れた時、同じ程度の衝動を受けたのでした。これに、心浮かれた若い女性もあったかも知れませんが、一般には、やはり西洋の音楽を軽佻浮薄《けいちょうふはく》と考えたものでした。今なお、伝統音楽の世界で育った人たちは同様の見解をとっています。これには、その旋法のみでなく、音楽の表現様式ということもありましょうが、とにかく、民族的審美感ということが、かなり大きな作用をしているもので、決していたずらに時代遅れ、または狭量として軽々に笑うべき現象ではないのです。

フランダース楽派

私たちが自己の伝統を蔑《さげす》んでいる間に、既に西欧にあっては古代主義者（Ancientist）と呼ばれる一群の作家があって、この旋法の復帰に努めているのです。事実一九四六年に書かれたストラヴィンスキーのバレエ「オルフェ」は、ハープによる完全なるこの古代旋法、いわば私たちの伝統音楽の旋法で始まるのです。

十三世紀が終わりに近づくと共に、これらのトルバドゥール、トルヴェール、およびミンネゼンガーはその姿を消しましたが、その音楽上の影響はすぐ後の時代に受けつがれ、いわゆるフランダース楽派時代の出現を見ることになるのです。これにはデュファイとバンショアに主導された第一次、ヨハンネス・オケゲムに主導された第二次、ジョスカン・デ・プレによる第三次との三つの時期があり、音楽史上、それぞれ異なった面でいろいろ貢献をしました。ここでは、これをひとまとめにしようと思います。

第三次のものが、音楽的に一番大きな仕事をしてはいますが、これら三者が前の時代と異なる立場は、まず歌謡の伴奏としての音楽を、ミンストレルやジョングルールなどが行ったように演奏家の即興に委《ゆだ》ねることを止め、その楽曲を細部にわたって指定したこと、いわゆる、作曲したこと、第二は、カノンという音楽上の手法が採用されはじめることです。

カノンとは現代でもなお、音楽にあって普通に用いられるいわば専門語なのですが、ギリシャ語における意味は、水準器、他のものを限定する役割をするものというほどの意味です。音楽におけるカノンというのは、平易にいいますと、まず一つの歌が歌われ、これと同じものが、少し後れてついていくものと考えればよいでしょう。もちろんこの二者の間には、さきに述べた対位法的な処理が必要であることは申すまでもありません。小学校などで輪唱と呼ばれて、二群に分かれた唱歌隊が、片方が一小節なり二小節なり後れて同じ歌を歌うことがありますが、およそ、そのようなものと考えればいいでしょう。この種の対位の美しさは、自然界には他に例を求め難い音楽の世界特有のものなのですが、この効果は、恐らくダンが述べているように、ある継続する時間によって表わされた音楽が、総体としてほとんど瞬間的な、時間の観念のない特定な静的な印象に要約され得るのと同じように、異なった時間に起こる運動が、同時的な対比として感じ得るという因子に基づくものなのでありましょう。このカノン的要素の試みは、視覚的な音楽である純粋舞踊にも応用し得ますが、視覚にあっては、決して音楽のように別種の美を生み出しはしないのです。このように時間的に異なって出現する印象を、同時的な印象として受け入れることができることを知ったのは、音楽の多様性を更に拡大することになるのです。現代になって、今までは、時間的経過の上でなくては考えることもできなかった、転調を、同時的な和音の上で果たすことができるという、カゼッラの主張も、音楽のこの要素から導かれたものなのです。しかし、すべての音楽が必ずしもこのカノンの方法により得ないことは容易に想像つくことと思われます。今もし、わが国の馬子唄《まごうた》の如く、律動の明確でないものを二人で歌う場合、一人が少し後れて始めたと仮定しましょう。このような場合は、二者をいかに対位法的に配列しようとしてもいたずらに混乱するのみであって、音楽上の新たな美を創り出すことは、まず望み得ないことは明白です。これと同様なことが、単旋聖歌についてもいわれ得るのです。ほとんど、律動感をもたないこの聖歌は、当然、カノンには適しません。しかしながら、新たに発見された音楽上のカノンの魅力にとらえられた作家たちは、何とかして、この手法を用いようとするのですが、その結果として、自然、この教会の聖歌のようなものから逃れ、その材料を、より律動的な民衆の音楽の中に求めることになるのです。したがって、原因は異なりますが、当時の音楽家は、前の世紀のトルバドゥールと近似な音楽観をもつことになるのです。

単旋聖歌が、このカノンを採用し得なかったのには他にも理由が数えられましょう。音の音楽的動きよりも詞の方をより重要とする聖歌にあっては、時間を異《こと》にして歌われる同一の歌は、当然、その言葉を不明なものとしたでしょうし、更に聖歌は全部が音楽的旋律によったのではなく、後世、歌劇にあって、レチタティーヴォと呼ばれる話語に近い部分もあったのです。これをプロプリウムと呼んでおりましたが、特にこの部分は礼拝式の筋が語られ、音楽的構造は完全に二次的なものとなっていたのです。このような部分は、もはや、カノンなどは考えることもできません。また、他の旋律的な部分は、オルディナリウムと呼ばれていますが、これは音楽的には優れたものであったにせよ、前述の如く律動感に乏しく、到底カノンに耐え得るものではなかったのです。

なお、今まで作曲という言葉を無造作に使ってきましたが、フランダース楽派の時代にあっては、現代の私たちが考えるのと少し異なった考えをもっていました。作曲には、明確な二つの区別がなされたのです。現代のように自己の生んだ材料によって音楽を作るものを、フォナスカス（Phonascus）と呼び、一方、既にある在来の材料を用いて音楽を作るものを、シムフォネテ（Symphonetes）と呼び、現代でいう作曲家と編曲者の如き区分がなされていたのです。

しかし、更に注意すべきは、この在来の材料による作曲の態度の方を遥かに、自作の素材によるものより高く評価したのです。編曲者の方が作曲家より芸術的に高いと考えられたのです。一般的にいうと、聖歌から離れた作品は主としてPhonascusなのでした。

また、聖歌作者たちは、既存の材料の編作に力をそそいだのです。現代の私たちは、芸術の評価にあっては、多少品質を犠牲にしても、いわゆる独創的な作品の方を遥《はる》かに高く買いますが、今日にあっても、音楽技術および音楽的手法の考案の能力からいえば、独自な独創的な作品をまとめるよりも、他人によって作られた主題をまとめていくのにより多くの音楽上の技巧的な能力の必要であることは、容易に理解できるのです。これらの見地からすれば、当時の見解は必ずしもおかしいものではないのです。彼らの考えからすれば、作曲者が自分の創案による材料によって音楽を書くことは、恰《あたか》も、自分の創案になる自作の煉瓦《れんが》によって寺院を建てる設計士の如く、不安にさえも思われたのでもあろうかという意味のことを、セシル・グレイはその音楽史で述べています。彼らから見れば、作曲にとって最も重要なことは、その材料の処理いかんにあったのです。いわば、素材が表現の一部であるという考えをしなかったのです。そして、この技術偏重の見地は、ますます作曲家の努力を、この方向に向かわしめることになるのです。第三次フランダースの時代になりますと、このような技巧は頂点に達しました。

この技巧偏重の思考は、終《つい》に、フランダースの多声部的音楽を、他の時代と判然と分ける特徴の一つとさえなるのです。すなわち、いたずらに、技巧的で、無味乾燥というのが一般的世評でした。したがって、これに対する反動の時代が続くことになるのです。もちろん、三次にわたるフランダースを一つにまとめることには大きな不合理があります。たとえば、デュファイとオケゲムによって主導された第二次フランダースは、民楽よりは宗教楽の方に主力をそそいだのですが、しかし、カノンの実用化という点から見る時は、フランダースを一まとめにする乱暴も許されるはずです。

ただ、この時代の作品にあって注意すべきは、彼らが用いた、ペダンティックな無味乾燥に見える音楽が、主に声楽の合唱であったことです。現在、私たちは管絃楽の総譜をかなり正確に頭の中に再現できはしますが、声楽はそのようには容易にいきません。無味な対位法的技巧に過ぎないように見受けられる楽曲が、実は、極めて官能的な美しさであるような場合もしばしばあります。フランダース一派の作品は、譜面で見るよりは遥かに魅力のあるものであったことは、ほとんど疑う余地がないと思います。

また、この時代のように音楽の中に理屈の入ることは、必ずしも非難されるべきではないでしょう。理屈が入ったために、その他の音楽の本質的な要素がいくらかでも外に追い出されたのならいざ知らず、単に理屈がその中に多いということは、必ずしも音楽として非難の口実とはならないのです。今、私たちにとって無類の傑作と考えられるバッハの作品でさえも、当時は、単なる数学に過ぎないと考えられ、非難蔑視《べっし》されたのであることを忘れてはなりません。

「停止」の発見

十六世紀に入ると、ちょうど建築にあって、ビザンチンがゴシックに変わったと同様な変化が、フランダースの後継者たちに起こりました。

この時代の代表的な作家は、パレストリーナという名で呼ばれている作家です。

しかし、パレストリーナが在来あった、フランダースの音楽を革新したと考えるのは誤りです。もちろん、多少の新しい発見があるにはありましょうが、彼の最大の特長は、東洋でいわれる表現の停止《チョウジ》という芸術観を発見したことにありました。いわば、アメリカ映画のような誇大な表現にみちていたフランダースの音楽手法を、日本の能のように、誇大な表現を控えた、いわば静止に近い動きにまで表現を節約した点にあるのです。

音楽のこのような表現の節約は、一時代が過ぎてベートーヴェンの後期の室内楽およびセザール・フランク、ガブリエル・フォーレ等において再び発見されるものなのです。

パレストリーナに見る表現の節約は、従来の表現を革新したものではなく、音楽上の手法を、ある制限によって狭めたのです。彼の確立した世界は、あらゆる意味で完璧《かんぺき》なものではありましたが、この節約の影響は、次代の作家たちに一種の無気力と沈滞を与えることになるのです。

セシル・グレイはこの点に関して、次のように述べています。「芸術的な完璧さを渇望する人は、道徳上の完璧を渇望する人々と同様に、貧の誓いを行なって一切の物質的富有から遠ざからねばならない」、また「人生におけると同じく、芸術においても、禁欲的理想は大多数の人にとって追求は致命的なものである。一人の聖人に対して、人々は怠惰な寄生的な無価値な大群の托鉢僧《たくはつ》を得、また一人のパレストリーナに対して、人々は音楽的弱者の一種族を得る」。事実、次の時代はこのような状態におかれたのです。この表現の節約に関し、多弁にわたり過ぎたようですが、この問題は、日本の文化観にあって、あるいは正しく、あるいは誤って、極めて強く意識されている思考の一つを代表しているように思われたからに他ならないのです。

私たちの文化観は、ややもすると無気力と品格、表現力の不足とその停止《チョウジ》とを誤認する傾きが少なくないからなのです。

ローマ楽派とヴェニス楽派

さて、パレストリーナとその楽派の作曲家たちによって、フランダースの音楽の色彩は全く別種のものに変えられました。これはローマ楽派と呼ばれています。また、ガブリエリは、これとは全然反対の方向でしたが、フランダースの影響を沈めて、ヴェニス楽派というものを作り上げました。

この楽派の最も大きな特色は、多声部的であったフランダースを、現代の私たちがもっている同音的、すなわち、ホモフォニーの音楽の方向に向けたこと、天上の美を讃えていた音楽を、より地上的なものとしたことです。絵でいえばローマ派がラファエロに相当し、ヴェニス派がティツィアーノともいえましょう。また、音楽の手法上の問題にはなりますが、ヴェニス派が、音楽の上に初めて、半音階的半音を使用し始めるのです。それ以前にも音楽の世界に半音はあったのですが、少なくも書き残された音楽にあって、この半音が使用されるのは、このヴェニス派が最初です。現代になって、シェーンベルクによってかくも見事に使用される十二音音階の最初の萌芽《ほうが》が、ここに認め得るのです。この半音の取り扱い方には、Musica ficta と Musica falsa との二種があり、音楽的にはかなり重要なことではありますが、ここでは詳述を避けようと思います。

ヴェニス派はまた音楽における調性感の強調という点に関しても貢献しましたが、なかでも最も大きな努力を払ったのは、バルトロメオ・トロンボンチーノと呼ばれた作家です。また、前述した半音を、最初の耳ざわりではなく使用することに成功したのはウィラールトと呼ばれる作家です。なお、この手法は更に発展して、ジェズアルドに至ると、後世、ワーグナーおよびドビュッシーによって用いられたのと同じ程度の半音階的な和音の用法が表われるのです。

さきに、多声部的音楽は北方から由来したと書きましたが、英国にあっては、事実、第一次フランダース楽派よりも年代的に早くジョン・ダンスタブルが現われ、独自性をもって多音音楽を書き始めましたが、イギリスの楽派は、明瞭《めいりよう》な独自性をもって始まるにかかわらず、次第にフランダースの影響下におかれる運命をたどり、結局、大きな影響力とはならないでしまいました。ローマ派およびヴェニス派は直接フランダースの影響から始まりながら、パレストリーナおよびガブリエリによって、他の新たな様式を確立するのとは奇妙な対照を示しています。

ルネッサンスと音楽

コンスタンチノープルの没落から十七世紀の初葉までの一世紀半の間を私たちは、文芸復興期、ルネッサンスと呼んでいます。

彫刻にあっては、既に十三世紀の頃からルネッサンスに開花する様相を示し始めるのですが、音楽にあっては約三世紀おくれ十七世紀になって、やっとそれらしき姿になるのです。

この造型芸術にとって絢爛《けんらん》たる開花期であったルネッサンスは、音楽にとっては、決してそのように派手やかなものではなかったのです。さきに述べたように、キリスト教の初期にあって、詩や文学や彫刻、建築が、この新たなる宗教に戸惑いを感じて、なんらかの変形を強いられ、これに適応するために長い時間を要したのでしたが、ルネッサンスの精神は、音楽にとって完全に反対なものとして作用するのです。音楽だけは、この新しい芸術衝動に適応するものは、何一つとして見出すことができなかったのです。

この時代の精神、いわば、知的な好奇心と生命に対する讃仰《さんぎょう》は、音楽に対しては、何の効果も生まなかったのでした。他の芸術にあって決定的な影響となった古代芸術への崇拝も、音楽にあっては、古代ギリシャおよびローマの音楽は未《いま》だ解読もせられずにあったので、全くなす術《すべ》もなかったのです。いわばこの文芸復興の精神は、音楽的な新たな開花には、力を借さなかったといえるのです。

もちろん当時の音楽家たちが、この時代の開花に無関心であったわけではなく、やはり熱烈に賛同はしたのですが、それは、本質的に音楽とは別の世界の情熱に過ぎなかったのです。当時の代表者であるカッチーニについて語れば、その様相を知り得ましょう。

彼が主導したいわゆる、「新音楽」なる運動は、外面上は、なんらかの発明をしたかのような印象を与えがちではありますが、事実は何物もなく、音楽観の上からいっても、何一つ新しいこと、少なくも変わったことさえも起こり得なかったのでした。彼ら自《みずか》らが創案したと述べている歌劇「オペラ」は、「シクエンス」、「トロープ」、「オラトリオ」、「聖歌劇」として既に中世から存しており、「物語り風な宣叙調」すなわち「レチタティーヴォ」は、グレゴリオ聖歌におけるプロプリウムと同一ですし、彼らによって初めて意識されたとする調性システムにしろ、既にトロンボンチーノによって達せられたものなのです。

また、当時の創案と考えられている数字低音も遥か以前から存在していたものです。この数字低音とは、現代のジャズ奏者たちが再び用い始めているのに近似した方法であって、そこに用いられている和音が音名ではなく、和音配列の関係を数字によって示しているものなのです。

以上述べたことは、すべて新たな発見ではないのですが、存在したものの集大成としてその価値を認めるとしても、なお、この時代の音楽が、他の姉妹芸術におけるような生命力をもったものではないことは動かすことのできない事柄なのです。キリスト教の初期、およびこのルネッサンスの現象だけについて考えてみても、音楽が他の芸術とは本質的に異なる基盤によっているものであることが気づかれることと思います。

キリスト教の初期以来、芸術の主位をしめてきた音楽は、このはなばなしい「新音楽運動」にもかかわらず、ルネッサンスを転機として、次第にその地位を低め、終《つい》に、キリスト教以前の、文学や詩の侍女の立場に落されることになるのです。

このフローレンス人たちによって行われたルネッサンスの音楽運動が、近世音楽の祖であると考える見方は明らかに誤りです。フローレンス派の音楽的影響は、予想以上に早く消え去るのです。十七世紀に入ってすぐに書かれたモンテヴェルディの「オルフェオ」は、以上のフローレンス派のもっていたものとは完全に異質のものですが、この思考こそが、近世音楽の祖といっていいのです。

ルネッサンスの音楽は、他の芸術運動に刺激されて、外面的には活発な運動を起こしましたが、その結果は、それ以前の伝統を広げたものでもなく、またそれ以後の音楽になんらかの形で影響を与えることもなく、単に歴史の中に孤立した空騒ぎに終わったのであり、本質的な面からいうならば、音楽にはルネッサンスはなかったといい得るのです。

この非音楽的だったフローレンス派に対して、反動として生まれたモンテヴェルディによるローマ派が、マッツォッキ、ランディを経て、徐々に本質的な音楽の世界に決定的な影響を伝えていくことになるのです。

十七世紀の中頃になりますと、歌劇は貴族の専有物ではなくなり、民衆のものとなるのです。特に北方ヴェニスでは、当時、既に十七の歌劇場があったと伝えられています。この現象は、当然、音楽家をして、より民衆的な音楽に向かわせることになり、市井人の生活や、踊りなども音楽における重要な題材として取り上げられるようになるのです。また、楽器の上からは、さきに述べた、モンテヴェルディの「オルフェオ」等にあっては、リュート、テオルボ、キタローネなどの、爪または指によってはじかれる系統の楽器が主にその主旋律を担当していたのですが、グレチェン等の作家によって次第に現代の管絃楽《かんげんがく》におけるように、弓で弾《はじ》かれる絃楽器がその主動的地位を得ることになるのです。

このようにして北方に進んだ歌劇は、更に北の国々にも流れていったのでした。フローレンス人であるリュリは、フランスに赴《おもむ》きルイ十四世の直下にあって国王のために歌劇を作り、フランスの歌劇の決定的な礎《いしずえ》をきずき、ヴェニス人、アゴスティーノ・ステッファニはイタリア歌劇をハンブルクに輸出するのです。一方、英国にあっては、ただ一人パーセルが音楽の進展に努めるのです。

チュートンの音楽観

十六世紀の末まで、フランダース、イタリア、イギリス、フランス等のヨーロッパ諸国は、それぞれ音楽史上重要な仕事を残しましたが、ただ一つヨーロッパにおける大国たるドイツは、それまでなんらの活動らしきものを示さなかったのです。もちろんイザーク、ガルス等が音楽の上で仕事をしましたが、それらは決して独立的なものではなく、今まで述べてきたものの中のいずれかに包含されるに過ぎないものでした。

しかし、この長い間、不思議なほど静かであったドイツに、突然ハインリヒ・シュッツとラインハルト・カイザーと呼ばれる二人の作曲家が現われ、いわゆるドイツ風といわれる今までのものとは全然異なった要素をもつ音楽を書き始めるのです。在来のイタリアの影響下にあった音楽はその表現は極めて豊かで華麗ではありましたが、その本質をなす音楽精神は客観的な様相を帯び、その中に盛られた情緒も、何か生活体験と迫力に乏しい、いわば単なる想像から生まれたものの如き印象を与えたに過ぎなかったのに比し、ドイツに新しく生まれたシュッツの音楽は、手法的には華麗から遠く、極めて個人的な和声を使用しているのですが、作品は何か自己啓示と、自己の告白めいた音調を帯びるのです。また、そこに表われる情緒も客観的なものではなく、内的に根強く体験されたものの如く響くのでした。いわば今までになかった作家の主観と生活と思想性が音楽に加味されたのです。

これは、この国の国民性によるのか、また、ルターとカルヴァンによって成された宗教改革に基づく時代的感覚により多くよっているのかは、にわかには決定し難くはありますが、とにかく、偉大、荘厳、哲学的思索等が音楽に付加されるのは、このチュートンの音楽家の出現を見てからなのです。

そして、このチュートンに発生した音楽上の思考は、多かれ少なかれ、次に続く時代の作家に強力な影響を与えていくのです。後世、この点を強調するのあまり、いたずらに思わせ振りな音塊によって深刻を装ったり、また過度の情緒や抒情《じょじょう》の表現が音楽の主目的であるかの如き思考を生み、更に、このチュートン的な意味ありげな様子をもたない、いわば即物的な音楽を下級なものだと考える思考さえが生まれるのです。さきにも述べた如く、現代の私たちにとって、真の音楽を見失うまでに過大に評価されている音楽の表現力に対する誤解は、いわば、このチュートンの作家によって音楽の中に取り込まれたものなのです。このように考えるならば、この十七世紀の音楽家が取り入れた音楽観は、現代もなお私たちの周囲に生命力をもっていることが知られるでありましょう。更に後世の歴史家は、現代の私たちの時代を、このチュートンの思考に対する否定の時代、いわば即物的音楽観の時代として取り扱うかも知れません。これらの十七世紀作家たちによって行われたすべての試みは、ドイツのセバスティアン・バッハとゲオルグ・ヘンデルによって完成されるのです。この同国に同年に生まれた二人は、その芸術の上では、両極端に立つものですが、当時の音楽思考を見事に音楽化することに成功しているのです。

バッハとヘンデル

この二人の天与の芸術家には、それぞれの特徴があります。ヘンデルは彼の「メサイア」を除けば、確かに作品にむらのある作家で、非常に優れた作品と、あまり優れない作品とが平気で配列されています。しかし、当時の時代的思考を知る上ではバッハよりも明確であるともいい得るのです。また作曲に当たっての素材の取り上げ方は中世の Symphonetes を思わせる面もあるのです。有名な「エジプトのイスラエル人」の中では、三十九曲のうち十六曲、すなわちその半数近くが他人の作品の流用によるものなのです。このことは、前にも述べたように決して作家の創造的能力の不足を指摘する口実とはなり得ないのであって、ただ作家がどのように音楽を考えたかということにあるのです。

　これに比べて、バッハは、あまりに完全にできているのです。その作品も数多く、もし、文献が不十分であったら、恐らく、一人の人間によってなされた業績として考えることができ得なかったほどなのです。バッハが音楽の世界に行った業績はあまりに大きかったので、これに続く時代時代は、彼からそれぞれ異なったものを汲《く》み取り、傾向の上からは完全に相反する音楽の諸流派が、同じように彼をその始祖と主張するという奇妙な現象も、それほど不思議なく行われているのです。その出初めは、およそ異質の最たるものと考えられたストラヴィンスキーにあっても、彼の足跡を追うのであり、また一方、ジャズにあってさえ、この彼の主張の一部を借用することが平気で行われているのです。いいかえれば、バッハの音楽はどのように主張されてもおかしくはないのです。古典的、浪漫《ロマン》的、即物的、形式主義的、また写実的等々すべての特徴を完全にもっているといってもいいのです。ただ、近代になって行われた音楽性の否定のための主張、すなわち機械主義、騒音主義（ハーリバーリズム）等だけが、それに似つかわしくないのみなのです。

　また、シュッツによって意識されたチュートン的な立場から眺めても、彼ほど客観的な没人格的な作家もなく、また、彼以上に自己啓示の多い音楽家もないのです。ただ強いていえば、当然なことなのではありますが、近代的な生活感に乏しく、またゴーリキーのいう「今や野蛮人の時代が到来した」というふうな見方による人間性は、いくらか稀薄《きはく》であるといえましょう。この点、当時にあっても、ある一部の人たちから彼の作品は音楽ではなく数学であると非難されていたのです。また、近代のプロレタリア・リアリズムに適合しないものであることも確かです。しかし、もしこれらをのぞけば、彼は音楽上の考え得る完璧の見本です。

和声学の誕生

十八世紀に入ると、文化はルネッサンス、バロックを通過してロココと呼ばれる時代にくるのですが、この時代の到来を告げる音楽家はジャン・フィリップ・ラモーです。彼は十八世紀の音楽思考の父祖なのです。彼の思考は前の時代の、すなわちバロックの作家たちのもっていた、非論理的な、半ば以上経験主義的な作曲態度に対して、理論的な、しばしば無味でさえある理知的な和音の体系によって音楽を考える方向に導くのです。彼の言葉によれば「音楽は一定の法則に基づくべき数理的科学である」というのです。この見地から彼は種々の音の組み合わせ方と、その効果に関し考察した和声学という一つの学問を確立したのですが、彼がここにいう科学とは、ピタゴラスが述べたものとも、また、ギリシャ時代に考えられた科学とも、その意味にかなりの差があるのです。彼のこの科学主義的思考は、当時の管絃楽法の上には、極めて有益な改革を示しましたが、この和音偏重の主張は、それに続く二世紀間に、決定的な利益と害毒を流すことになりました。彼はまた、作曲に当たって「我々を導くものは、旋律ではなく和声である」とさえ述べていますが、この思考は、現代にあっても必ずしも衰えてはいないのです。現に音楽学生にそのような方法を取る人々を見受けますし、また、そのように教える教師も少なくないようです。この主張は、彼以後、ダリウス・ミヨーの「作曲は結局、旋律の創案にかかっている」という言葉まで約二世紀間生命をもつのです。ここで注意すべきは、ラモーの主張以後、ミヨーに至る間の二百年の作家たちが全部、全面的に彼の主張にしたがったのではありません。その間には本質的な旋律家も、旋律主義的な作家もいました。しかしラモーによる思考が、音楽の世界を支配していたのは動かせない事実なのです。

日本の伝統音楽が西欧音楽の輸入以来、不当に安価に評価される原因の中には、このラモーの思考が実に想像以上に大きな役割をしているといえます。

ただ一つこのように和声理論の確立に努力し、四十歳になるまで、ほとんど作曲ということをしなかったこのラモーの作品が、典雅な音楽的魅力をもっているのは不思議です。

一般には内的訴えに乏しいといわれているこの作家は必ずしもそうではないようです。後世、ドビュッシーが彼の音楽を讃《たた》えた「ラモー頌《しょう》」を書いたことをとってもこのことは明らかです。

ウィーン楽派

ラモーの時代に次いで誰にでも知られているウィーン楽派と呼ばれるものが生まれますが、この派の最も重要である四人は、全部が決してオーストリア人であったわけではありません。ただ、シューベルトだけがそれに該当するのみで、ベートーヴェンはオランダ系の独逸人《ドイツ》、モーツァルトはザルツブルグ、ハイドンはクロアチアの生まれでした。これ以後の作家は、しばしば私たちの耳にするところですから、その作風とか、立場について、詳しく語る必要はないかも知れません。ハイドンの音楽はさきに述べたシュッツ的な暗示的要素に欠けてはいますが、この時代の芸術にとって珍らしい逞《たくま》しさと民謡風な戸外風な要素をもっています。これは一般にクロアチアの農民の出であることがその原因と考えられますが、このような要素が音楽の中に表われたことは、後世大きな影響として作用することになるのです。これに比べるとモーツァルトは正反対に自然に対する感情をもち合わせない作家なのであり、ある意味では人間性の生々しさのない作家ですが、それだけに天上的な典雅な作家といえるのです。また、ベートーヴェンは、あの何ものかに対する反抗の身振り、疑念と信仰との交替ともいうべき激情によって、他の作家たちとはっきりと区別されています。モーツァルトのような明朗、優美、純粋等の感じからはひどく遠い種類の音楽なのです。

シューベルトはリストによって「未曾有《みぞう》の詩人的作曲家」と評されましたが、この評は現代人には悪口として受け取られがちですが、それほどの悪意で吐かれた言葉でもないようです。これは彼を正当に位置づける言葉ですが、逆に、彼ほど文学的趣味に欠けた作家も稀《まれ》です。彼が歌曲に採用した詩を一読すれば疑う余地がありませんが、このことは、彼が本質的に音楽家であったことを証明すると考えることができます。何はともあれ、これら四人の作家が個々にどのようであったかは、ここでは重要ではないのであって、ただこの楽派が音楽観の上でどのような仕事をしたかが問題なのです。すなわち、この楽派が音楽上なした主なる仕事は、声楽を伴わない器楽を、今までにないほど重要と考え、たとえ歌と結合した場合でさえ、その詩よりは音の音楽的動きをより大切だと考えたことです。

ベートーヴェンは彼自身「自分はいつも楽器の音色によって自分の楽想を聴く、決して声音ではない」といったように、楽想そのものが既に器楽の音の組み合わせとして心の中に響いていたのです。現代の作曲家にとっては極めて普通であるこのような音楽の認識のし方は、この時代までは絶無だったのです。また、歌劇に情熱をもったモーツァルトは、その歌劇の詩と音楽の立場について「歌劇にあっては、詩は音楽の柔順な娘でなくてはならない」と述べ、グルックの「歌劇における音楽の役割は、詩を援《た》すくべきこと」、また「音楽がテキストを離れて、なんら独立の存在をもつべからざること」という考え方と戦うのです。要約すればこの時代は、音楽の自立性の認識に最も貢献し、詩と文学とをその配下におこうとするのです。したがって、音楽それのみの音楽が、意図されるのですが、音楽が完全な芸術として自立するためには、まず、それ自体完璧《かんぺき》なものとならなければならず、そのために作品の時間的構成、調性対比、速度感、強弱感による形式が重用視されることになるのです。また、事実この分野にあって未《いま》だかつて比類ない成果をおさめるのです。いわゆる、ソナタ形式といわれる純音楽形式がベートーヴェンによって完成されるのです。音楽にあって形式がどのように意識されるものであるかは、既に触れました。とにかくこのウィーン楽派は純粋音楽の世界に対し形式の確立という最大の仕事をしましたが、ただ一つ今までの世代にあって、ほとんど唯一の領域でさえあった宗教音楽の分野では、ほとんど為すところがなかったのです。もちろん、音楽作品としては、以前のものとは比較にならぬほど立派なものではあったのですが、決してその匂いはキリスト教的なものではなかったのです。ベートーヴェンの「ミサ・ソレムニス」はいわば汎神《はんしん》論的であり、ハイドンおよびモーツァルトの「ミサ」も決して儀式的ではなかったのです。このことは、これ以後の作家たちの宗教音楽に対する傾向を暗示することになるのですが、本質的な意味でのキリスト教的な、また儀式的な宗教楽はそれ以後、書かれることが稀になってくるのでした。これら四人の天才によって導かれた音楽思考はその後、多くの作曲家たちによって敷衍《ふえん》され、拡大され、あるいは強調されるのですが、思考的にも、また、その手法の上でも変化に変化を重ね、終《つい》に、ワーグナーに至って破裂点に達し、急激にその力を落としていくのです。これらを音楽の世界ではロマンティシズムの時代と呼んでいます。浪漫的という言葉以上に曖昧《あいまい》な、また誤って安易に用い得る言葉もないのではありますが、ベートーヴェンよりワーグナーに至る一連の音楽思考をこれ以上に見事に要約し得る言葉も無いのです。もちろん、この間にあってさえ、これらとは別の思考をもった音楽運動が起きるのですが、十九世紀の中頃からは、さまざまな芸術運動は、古い時代のように、必ずしも年代を追っては現われてこないので、それらに関する記述は、今までの方法と変えなければなりません。それらは、次章の「現代音楽における諸潮流」の中で述べることにします。

第九章　現代音楽における諸潮流

音楽の世界にあって、現代音楽と呼ばれるのは、およそ十九世紀末葉、および今世紀に入ってからの音楽というほどの意味しか無いのですが、この現代音楽と呼ばれるものが生まれる前に、音楽の世界には、今までになかったある種の感覚が意識されるのです。国民意識または民族意識と呼ばれるものがこれです。これは決して作曲家の側に単独に起こったものではなく、聴衆、いわば民衆の間に何となく自然に自覚されてきた感性なのです。

十九世紀までの作曲家および音楽家は、その作品の国籍とか、または民族的イディオムというふうなことを少しも気にしませんでした。たとえばさきに述べたシュッツは在来の客観的な音楽に対して主観的な暗示的な示唆を与えることによって、ある種のドイツの思考を代表し、またそれ以後の音楽に思想性ともいうべきものを付加したのではありますが、その音楽上のイディオムは少しも独逸《ドイツ》的なものではなく、単に当時の国際的言語によったのです。また、ハイドンやベートーヴェンが実際に当時の民衆によって歌われていた民謡を素材として使用した場合でさえ、その素材は、当時の最も一般的であった国際的なイディオムに翻訳され、他の非民謡的なまた非民族的な主題を用いた場合と、なんら、ことなることがなかったのです。しかし、十八世紀が終わり近くなると、音楽作品を国際的イディオムのみによって書くという考え方が薄らぎかけるのでした。この現象は皮肉にも、ちょうど、ナポレオンの統一国際国家の建設の夢と時を同じくして生まれるのです。

このナポレオンと反対の思考法は、他の諸芸術にあっても強く意識されはじめるのですが、最も成功した分野は音楽であったのです。しかし、ここでは決してグリンカやリムスキー＝コルサコフらによって書かれたスペイン風な音楽の如き擬似的な異国趣味について語っているのではありません。

もちろん、このような擬似的なものも、その民族によって音楽のイディオムが異ならなくてはならないと考える意識の一種の発露と見ることも可能ではありますが、ここにいうのは、もっと本質的な、いわば、音楽の美感の中に、民族的な審美の尺度が入るかどうかという点にあるのです。しかし、このような現象は決して作曲家のみに起こったのではなく、一種の民衆の間にも自覚されたのでした。たとえば、シューマンはイタリア以外では理解されず、ラヴェルはドイツで嫌われ、ヴォーン・ウィリアムズはイギリス以外では、ほとんど好まれないのです。もちろん、作家によって、その度合に多少の差はあるとしても、このような現象は十八世紀になるまで明確に意識されたことはなかったものなのです。このような意識を、最も見事に本質的なものとして取扱うことに成功したのはムソルグスキーなのです。なお、この民族意識に関しては後に触れるはずです。ムソルグスキーは単にこのような民族的な思考を満足させたのみでなく、音楽に関する本質的な思考および技術を開拓し、ロマン主義の音楽を、近代音楽の方向に転換せしめたのです。すなわち、彼によってはじめて、私たちのいう音楽における近代意識といわれるものが生まれるのです。

この音楽における近代意識がどのようなものであるかを定義することは極めて困難ですが、この意識から開花した十九世紀後半、および二十世紀の音楽運動を眺めることは容易です。

この新しい意識から新しい作品が生まれるためには、当然ではありますが、従来の思考との戦いが行われたのです。また、この種の戦いには、誇張が伴いやすいものですが、音楽のみならず、二十世紀初葉の芸術上のこの革新運動は、かつて見なかったほどに激しい誇張と強調が行われたのです。そのために、現在でもなお、芸術の進歩ということは、破壊またはセンセーションの異名でもあるかのように思われ、野蛮主義、機械主義等がその当初惹《ひ》き起こした興奮とスリルの物語は、今なお、私たちが「新しい」という言葉を耳にする時、必らず思い起こす事柄なのです。

可能な聴覚上の効果は余すところなく実験し尽くされ、また、考え得るあらゆる新奇もまた、すべて試みられたのです。あたかも「新しさ」というものは、その物がもつ本来的な規範を離れる度合を指し示すものでもあるかのように、正常な歌声は、ヒステリックな叫声にとって代わられたのです。音楽はもはや、精神の糧ではなく、単なる聴覚のサディストと化したのでした。

しかし、これらの珍奇な行動も、決してその根元が誤っていたわけではなく、その当初は、理論として正しい意義と魅力をもっていたのです。ただ、理論の行き過ぎに純化と過度の強調が、奇形的表現を取るに至ったまでなのです。このような現象は独《ひと》り音楽のみならず、今世紀初葉の芸術一般に見られる時代的な特徴の一つなのです。

しかしながら、このような実験的試みは決して徒労であったのではなく、十九世紀まで私たちがあまり気づかずにいた音楽を構成している要素が、それぞれもつ個別の独自の性能を端的に私たちに示してくれたのです。すなわち、旋律、和声、律動が分析されて考察されることになるのです。従来のロマン主義的傾向を改革しようと考えた作家たちは、第一に音楽の各要素に攻撃の矢を向けたのでした。

あのロマンな臭気が、本来的に情緒と関連をもつ旋律のなす業《わざ》であると考えた作家たちは、旋律の改革ではなく、まず旋律そのものを否定したのです。旋律楽器の一個もない四十個の打楽器とサイレンからなるヴァレーズの「電離（イオニザシオン）」という作品はこのような主張のもとに生まれました。

また、ロマン臭は、あの協和的な和音にあると考えた作家たちは、従来の和声の観念と、その組織を決定的に破壊したのみならず、強大な騒音による音楽を書き、自ずから騒音主義と唱えたのです。

また、一方、ロマンな甘美さが、私たちの心臓の鼓動に関連がある均衡のとれた律動にあると考えた作家たちは、機械的な、あるいは極めて不規則な弁膜症的律動によって、これを破壊しようとしたのです。また、音楽作品は従来の終わるという感じよりは、突然に止まったという印象で切り捨てられるのであって、いわば流れるが如き律動感を否定したのです。

また、精神的な面では、それがたとえ真の情緒であっても、これを感傷の同族として白眼視し、これを完全に否定し、詩や恋愛や運命の代りに製鉄所や機関車を登場せしめ、また音楽の鑑賞にあっては、一切の情緒的感覚および連想を否定し、完全に無機的な即物的な態度を強制したのです。

もちろん、以上はその当初の過度に誇張された場合のことであって、現在では、既にそのような興奮は静まり、その主張本来の姿に帰り、音楽史上、傑作として永久に止《とど》まり得る作品も数多く生まれるに至っているのです。

二十世紀初葉には、ほとんど狂人的であった音楽上の諸傾向は、現在は誇張に基づく誤りを是正し、現代および近い将来の音楽上の思考を支配していくことになったのです。

次に現在、私たちの周囲にある音楽上の主張について簡単に触れましょう。なかにはもはや暮色を帯びているものもあり、あるいは反対に、今後ますます力を得ていくのではないかと考えられるものもありますが、それらは歴史が決定する事柄なのであって、私たちが、今ここに、その命数について語る必要はないのです。

印象主義

芸術的な主張が衰退する時は多くの場合、その内容と形式、または手法との間に跛行《はこう》的な関係が現われるものですが、ベートーヴェン以後長い生命を保ち、発展に発展を重ねてきたロマン主義は、十九世紀の終わりに近く、この類型的な跛行を示し始めるのです。すなわち、内容におけるいち早い衰退、逆に形式および手法における若干の進歩が見られるのです。ワーグナーの「トリスタンとイゾルデ」はこの典型的な作品ということができましょう。手法的には、十七世紀に意識された全音階および半音階の極限に近い発展に導かれ、また楽器、特に金管族の楽器は、古典作家たちの夢想もし得ないほどの発達をとげたのですが、作品はいたずらに鈍重となり、生気を失い、内容は逆にその感銘力を失っていくのでした。当時はこのような音楽が、音楽における正統最高のものと考えられていたのですが、この過剰ロマンの音楽が、早晩死滅するものであることを主張する一派が生まれてくるのです。エリック・サティはこれをいち早く看破し、音楽の世界に新たな思考を導入するのです。

モネ、ピサロ、シスレー等が、印象主義という名のもとに絵画をバルビゾン派風なヤニ色の支配から解放したのと同様に、ヤニ色に彩り潰《つぶ》された音楽に外気を吹き込み、外光の下に明るく開花せしめたこのエリック・サティおよびクロード・ドビュッシーは、絵画における改革者たちと同様に、共に印象派という名で呼ばれるのです。絵画にあって印象派の試みた仕事は、第一に固有色の否定、次に陰の部分を、従来の如く、光の単なる欠如、すなわち、黒色、または、ヤニ色とは見ずに、陰の部分には、明るい部分の補色関係におかれる色のあることを発見したのでした。音楽にあっても同様に、固有な調性の長時間にわたる支配を否定し、旋律の対比に用いられる陰の和音群の中に、今までとは異なった色彩感を取り入れるのです。もっと、専門的にいえば、背景和音に自主性と個性を認め、また、一方、和音それ自体を従来の如く旋律の補助物としてではなく、一個の独立した音楽の表現媒体と考えること、およびある特定な関係におかれた和音がもつ特定な印象は、これを並行的に移動する時、その印象を更に強いものとすることができると考えたのです。したがって、調性感の否定という結果をも生むのです。現代のジャズにおける和音誘導はしばしばこの手法によっています。

ただここに注意を要することは、絵画における印象主義にあっては、その印象を強調し、また、個性化しようとする結果として、描かれた形と色は、画家が選んだ対象から遠い形態を取るのが一般であり、外見からいえば、いかにして、リアリズム的な形象色彩から逃れた絵を描くかという方向に進むのですが、音楽にあっては、これと正反対の精神過程を通過するのです。印象派の音楽家は、音楽芸術が本来的にもっている現象界には類例のない一種の配列感、すなわち音楽の形式感から逃れて、できるだけその対象物になんらかの意味で近づこうと試みるのです。たとえば、ドビュッシーの「沈める伽藍」や「水の反映」「雨の庭」等を一聴すれば、ここに述べんとすることは明らかでありましょう。このように、その精神にあって全く正反対である芸術上の主張が、共に同一の印象派という名称で呼ばれるのは確かに不合理ではありますが、その精神の方向が、逆であるにもかかわらず、そこに生まれた作品には不思議に何か共通なものが感ぜられるのです。

このことは、音楽と絵画が、数多くの類似点をもつにかかわらず、本質的に芸術としてのあり方が異なることを物語っているのです。音楽と絵画とにおけるこのような種類の齟齬《そご》は、私たちのしばしば触れるところですが、狂人の場合などには特に際立った現象が見られます。

狂人の描く絵は誰にでも知られているように、極めて近年になって現われた超現実派と呼ばれる一群の画家の作品に極めて類似しています。すなわち、外見は非常に近代的だということができます。一方、そのような狂人に歌を歌わせると、非常に穏やかな感傷的なロマン主義的な音楽を好んで歌うものです。狂い方の度合いによっては、調性感が明瞭《めいりょう》でないという場合もありますが、とにかく、私たちが近代音楽と呼んでいる種類の錯雑したものには少しも似ていないのが通例です。また、超現実派の絵は、彼らに満足を与えますが、超現実派的な音楽は、彼らを更に狂人とするに役立つのみなのです。絵画にあっても、また音楽にあっても公式的な拘束を逃れて自己を追求しようとする欲求が、この主張の原動力となったことは疑いを入れません。またこの思想は、フランス革命による人間的個性の解放が原動力となっていることも明らかです。

しかし、このように音楽の中に新鮮な外光をもち込んだ印象派は、また一方ではシュッツのもち込んだ音楽における思索性を否定し、人生における矛盾に満ちた真実の暴露を回避するために、いたずらに唯美主義的なものと化し、更に、音楽を単に装飾化するという方向に流れるのです。いわば、後期印象派の絵画がたどるのと同じような途《みち》を進むことになるのです。そしてまた、ちょうど、後期印象派の絵画のもつ平面的、装飾的画法が、近代ポスターという新しい部門に、現在、大きな影響を示したのと同様に、印象派の装飾的音楽のスタイルは現在、映画音楽の中にその最大の力をもつのです。

また、この印象主義は自己の主観に立脚して、自己のイメージにできるだけ近づこうとしたために、一般的な傾向として、律動感の否定に傾いたのですが、これはやがて、ジャズ音楽と呼ばれるものによって、正反対の方向に導かれることになるのです。また、ロマン風な歌うような長い旋律は、より刺激的な印象的な短小なものとなり、ドビュッシーの「海」に見るように、旋律線というものがほとんど感じられなくなるのです。ちょうど絵画におけるポアンチリスム（点描派）と同様な様相を呈するのです。

機械主義

印象派にあっては、表現は客観性と主観性の近代的分裂という現象を起こしたのですが、この機械主義は、更に一歩主観の方を推し進めたと見ることができます。従来の常識を破った極めて大胆な手法の単純化、自然主義的芸術に対する破壊等がその原因となっているのです。絵画におけるフォーヴ（野獣派）と呼ばれたものの同格物と見ることも可能です。当時の社会的矛盾の激化が、焦燥と懐疑を起こさしめ、作家たちは唯美的な無気力な音楽から逃れたいという願望に駆られたのでありましょう。また、民衆も常にある種の不安につつまれ、なんらかのセンセーショナルなものを渇望する時代であったのでした。

ジョージ・アンタイルは、十六台のピアノ、二個の電気歯車、ダイナマイト用穿岩機《せんがんき》、更に、飛行機のプロペラを演奏会場にもち込んだのです。これは、従来の音楽観からすれば何としても音楽としては受け取り難いものなのです。前にも述べた如くエドガー・ヴァレーズは旋律を奏し得ない四十個の打楽器と警報用サイレンによって、「電離（イオニザシオン）」なる曲を書き、また、オネゲルは人間や動物に愛情を感ずると同様に、機械にも愛情を感ずると述べ、大陸横断機関車「パシフィック231」というような曲を書きます。これらの作品に共通な点は、甘い旋律の否定、調性によって統一された和音の否定、肉体的共感を呼び起こす舞踊的律動の否定、また、従来の音楽がもっていた一切の抒情《じょじょう》の否定にあるのです。いわば、従来音楽と考えていたすべてのものの否定なのです。またこれらは、その表題および楽器編成を見ても容易に想像し得るように、従来の音楽という概念を離れた強大な騒がしい音響をもっており、その故《ゆえ》に、騒音主義(Hurlyburlism)とも呼ばれるのです。

この主張は当初、音楽のすべてを否定し、強大な騒音にのみ頼るのですが、最初の実験が終えるや、徐々にその過度の純化からくる不備を感じはじめるのです。

ソヴィエトの作家ユーリー・メイトゥスによって作られた「ドニエプル河の発電所」なる曲は、この情緒を否定する機械主義の基に書かれたのですが、もしこの主張が完全なる情緒の否定にあるのであれば、この作品の題名は、単に「発電所」のみで十分であるはずなのです。この「ドニエプル河の」という文字は、少なくも特定な位置を、特定な雰囲気を、更にいえばある種の詩をさえ聴衆に期待しているのです。これは、私《ひそ》かに、ロマンな世界に、あるいは自ずから否定した音楽ならざる詩的なものに、秋波を送っていると見なすことができるのです。

彼らは方便として、恋愛と発電所を入れ換えたのみであって、結局は音楽本来の姿に近づきつつあるのです。

しかしこの主義は決して完全に無駄であったわけではありません。ちょうど、フォーヴがその後の立体派、抽象派、超現実主義に発展する諸要素を自己の中にもっていたのと同様に、その後にくる音楽に少なからず影響を与えるのです。事実、現代の作家の中で、多少とも思考および手法の上で、この作風の影響を受けていないものは無いといっても過言ではないのです。

現代におけるこの主張の重要な人物は、前述したエドガー・ヴァレーズ、ジョージ・アンタイル、オネゲル等ではありますが、絵における野獣派（一九〇〇〜一九一二年）のようにその後を絶ったのではなく、現在では、彼らの行った方法が一つの理論として体系づけられるまでに至っているのです。アーヴィング・ヴェールは、近代音楽に関する論文の中で、「この騒音制作者（Noise makers）は、最も刺激的な改新運動者の中での先駆者たるを失わない」と述べ、従来考えることもできないような不協和音を、音色のもつ特性を考慮に入れた配置によって、別種な効果を作り上げたこと、いわば従来の振動数の比のみによる和声学という分野に、音の波形による音色を参加せしめたことを称賛しております。また和声感の中に振幅の大小による強弱の要素を取り入れたのも、この主義者たちの功績といわねばならないでしょう。更にまた極めて錯雑した非人間的な律動を、音楽の表現媒体として採用したこともまた彼らの一つの功績には違いないのです。さきに掲げた、アンタイルやヴァレーズの作品は、その中でも特に誇大に強調されたものですから、今日の私たちにとっても、それが妥当な音楽としての範疇《はんちゅう》を超えていると考えられるのですが、この過度の行き過ぎを沈めた作品の中には、これが、かつてそれほど刺激的に耳に響いたことの方を、かえってあやしむような作品もあるのです。これは、知らず知らずのうちに、私たちの時代的な耳が騒音のあるものを承認したことを意味するのです。作品が興味があるか、美的であるかをのぞいて、オネゲルの「パシフィック２３１」や「ラグビー」等は、既に現代の若い世代の耳には極めて平板なものとしてしか響かないのが一般です。

多調主義

これから以後述べる主張は、主に音楽を表現する上の純粋に技術的な面に関するものが多いので、文字のみでは、その真意が伝わりがたいとも考えられるのですが、現在このような主張が広く行われている以上、これに関して触れぬわけにはゆかないのです。既に、私たちは十七世紀に調性観が確立されたことを知ったのですが、十九世紀までの音楽は、たとえ、それが多声部的(ポリフォニー)であろうと、また単音的(ホモフォニー)であろうとも、一つの作品はある特定の調性の完全なる支配下にあったのですが、いいかえれば音がどのように運動しても、それはその調性の中の音に限られていたのですが、ここにいう多調というのは、二つ以上の別個に独立した調性をもった旋律ないしは音群が、同時に結合されて一つの音楽を形成するという方法なのです。

この調性が二種の場合は複調(Bi-tonal)、三つの場合は三調(Tri-tonal)それ以上を多調(Poly-tonal)と呼びますが、現在では、二つの調のみによるもの、または三つの調によるものも共に含めて、多調と呼ぶ慣わしとなっております。在来の音楽にあっては、第一の主題と、それに続く第二の主題とを対比するために、第二主題の音楽的性格を変ずると同時に、その調性を変えたのです。このように調性を変えることを私たちは転調という言葉で呼んできたのですが、ここにいう多調というのは、いわば、従来は、時間的経過、ないしは進行の中でしか考えることのできなかった二つの別個の調性を、同時に結合せしめることによって、音楽をより立体化しようとするにあるのです。絵でいう立体派と同格物なのです。

従来の絵画は三次元の自然を二次元の画布の上に、いいかえれば、いかにして二次元の平面の中に三次元的な空間と量を表現することができるかということを追求してきたのですが、立体派は、これを進めて、単に三次元らしく見えるというのではなく、画布の上に、三次元の新しい空間を創造しようとしたのです。この目的のために彼らの選んだ方法は、対象を主知的に解体し、このバラバラになった面を一定の理論によって再構成したのです。私たちの眼をもってしては、決して同一の瞬間に見ることのできない面を、同時に二次元の画布に表現するのです。したがって従来同時的にはどうしても考えることのできなかったそれぞれ異なった二つの調性を、同時に結合した多調主義は、絵における立体派と同格であると見ることができるのです。この同一の主張にあっても、表現手法の中には、メッツァンジェ、エルバン、レジェ、ピカソ、グレーズ等によってそれぞれ多少異なるのと同様に、音楽にあってもその手法と表現には作家によって多少の差があるのです。この主導的な作家は、ダリウス・ミヨーとベラ・バルトークでありましょうが、音楽にあっては絵画におけるもののように他の主張と截然《せつぜん》と区別されるものではなく、現代の作曲家の中で、多少ともこの手法を用いないものは絶無といっても過言ではないほどに、一般化された思考、手法となっているのです。

無調主義

前述した多調は、従来の調性観を覆《くつがえ》したものには違いないのですが、それでもまだ、各個の調性は独立したものとして認めていますが、ここにいう無調主義というのは、この調性というものを根本的に否定しようとする主張です。従来は主音（ド）属音（ソ）下属音（ファ）と呼ばれる音があって、その調性を完全に支配すると同時に、この三個の音は、他の音に対し一種の調性的支配権によって他とは際立った性格をもっていたのですが、この無調にあってはこの特権は廃止され、すべての音が同等の価値と権力をもつことになるのです。たとえばピアノの鍵盤《けんばん》にあって、ドからシに至る間の白黒合計の十二個の音が、全く平等の資格で取扱われるのです。君主制に対する完全なる民主制ということができるのです。これらの主張は、十二個の半音を平等に使用する故をもって十二音階主義(Duodecuple Music）とも呼ばれます。実際の楽器とか、または音楽に触れなかった人たちには、この十二個の音を平等の資格で採用するということが、何故に、それほどの新しい主張となり得るのかと考えられるかも知れません。また逆に、一つの音楽が二個または三個の音の決定的な支配下におかれていたということを、かえって不思議に感ぜられるかも知れません。

これは、調性というものが、どのようなものによって決定されるかという、本質的に音楽的な、また音響的な問題に立ち至ることになるのですが、この問題は、本書の範囲を超えるので割愛しなければなりません。ただ調性とは別の問題ですが、一個の音楽作品は、一般に考えられるよりは、遥《はる》かに僅《わず》かな音で組み立てられているものであることを知っておかれることは無駄ではありません。たとえば、日本の雅楽を除いた俗楽はあれほどのさまざまの雰囲気と、また異なった曲を有しているにもかかわらず、これを構成している音は、僅かに五個しかないのです。この五個の音の僅かの配列の差によって、京の地唄の如き渋いものから、酒宴の騒がしい三味唄に至る全部が構成されています。このように五個の音からなる音楽を五音音階（Penta-tonic）の音楽と呼び、中国やケルト族の音楽もまたこの五音組織によって組み立てられているのです。一般的な西欧の音楽は、誰にでも知られているようにド・レ・ミ・ファ・ソ・ラ・シの七個の音で作られ、臨時にその間の半音が使用されるのです。結果としては十二個の音を使用するのではありますが、事実は根幹となる七個の音、臨時的な五個の半音からできており、更に根幹となっている七個の音の中に、前述した如き特別の支配権をもつ三個の音があるのです。いわば十二個の音を用いたにしても、それは君主、庶民、奴隷の三階級に分かれていたのです。この三者を完全に平等なものとして取り扱おうとする十二音階主義が、どのような改革であるかが理解し得ると思われます。また、実際に耳に響く感じは、以上述べた文字上の印象より更に大きな改変なのです。

もし、前述した多調を絵画の立体派と見ることができるとすれば、この無調は、更に次元を増したブラックの主張する四次元的立体派と見ることも可能であり、また、旋律と和音の妥当な安定、および妥当な関連を否定する点では、超現実派ということも可能であるかも知れません。事実、従来の調性音楽に慣れた耳が、最初この音楽に触れて感ずる驚きは、従来の絵を見慣れた目が、超現実派に触れた時に感ずるものと一脈の関連があるのです。

このような手法が意識的に使用されるのはドビュッシーおよびピッツェッティからですが、彼らはこれを単に水平な方向に用い、アーノルド・シェーンベルクによって半音階的に用いられ、初めてその完璧《かんぺき》な姿を現わし始めるのです。この見解は、音楽史上、十七世紀の調性の確立に次ぐ本質的な音楽思考上の変換でした。シェーンベルク、アルバン・ベルク等によって主導されたこの主張は、現代では極めて広く承認され、現代の作曲家でこの手法を用いない者は、ほとんどないと考えても支障ないでしょう。この主張とは異なるのですが、この他に同様に無調的な効果をもつ手法があります。すなわち十二個の半音を用いずに、これを一つおきに並べた六個の音によって音階を作るのです。その結果として全く、半音というものが除かれるので、印象としては、完全に無調的なものとなるのです。この音階を私たちは全音音階（Whole-tone-scale）と呼んでおりますが、最初にシベリアの作家ウラジミール・レビコフが異国的雰囲気を表出せんとして使用したもので、後にドビュッシーによって、一つの手法として確立されたのです。この音階による音楽は調性感をもたないので、無調、アトーナルな音楽と呼ぶことは可能でしょうが、十二音音楽とは呼ぶことはできないのです。

微分音階主義（Fractional tone Music）

従来の音楽にあっては、音の高低差を表す最小の単位は半音と呼ばれるものであって、一全音を二分したものであったのですが、この主義にあっては、更に小さい音の高低差を、音楽を構築する単位として用いようとするものです。したがって、ピアノ等の如く音高の決まった楽器にあっては、その構造を改変しない限り演奏することの不可能な音楽なのです。もちろん、声楽とか、絃《げん》楽器にあっては、演奏の困難はさておき、演奏だけは可能です。このように、表現の材料を豊富にすることが果たして音楽芸術を進歩せしめ得るものであるかどうかは、今一朝にして定めることは困難ですが、今の処では、この微分音階によってのみ初めて達し得たと考えられるような音楽上の傑作が、まだないということだけはいい得るのです。

最初に考えられたのは、一全音を三等分しようとするものであって、ブゾーニによって主張され、ジョン・フォールズによって実際の作品が書き下ろされました。これを三分音法（Tertia-tone-system）と呼んでおります。

この方法は、一見極めて衒学的《げんがく》に考えられるかも知れませんが、世界中の音楽が決して現在のピアノに見るような半音を最小の単位としているものではなく、更に小さな音の動きによって作られているものもあるのであって、この三分音の適当な使用は、新たな分野を開拓しないとも限らないのです。

事実、私たちの伝統音楽にあっては随所にこの三分音、あるいは更に、次に述べる四分音をも使用しているのです。日本の陰旋律にあって、曲が終わる音のすぐ上の音 Supertonic は、常にこの関係におかれているのです。

次には、更に細かく分割する方法がとられます。すなわち、アロイス・ハーバによって唱えられた四分音法（Quarter-tone-system）と呼ばれるものであって、一全音を四等分、すなわち半音を更に二分したものを音律の単位としようとするのです。一九二四年には、この四分音を奏する目的のために、特別なピアノと木管楽器が作られました。今まで現われたこの主義の作品にあっては、まだ別に新しい際立った効果を生んではいませんが、一般的な組織による音楽の中に、時々これを使用することは、あるいは、予想もしない効果を生むかも知れません。中世以前、数多い半音の必要を感じなかった私たちが、現在のような十二個の半音による音楽に変わってきたことを思うと、いつかの時代に、この微分音楽が予期もしない花を咲かせるかも知れませんが、現在のところでは、一般民衆の耳がそのような音の微少な差の必要を認めないのみならず、その差を適確に聴き分け得ないという実状なのです。

この四分音法によれば、私たちの使用し得る和音の種類は、組み合わせの計算によって二百五十三種類以上にのぼり、表現の材料は非常に豊富にはなるのですが、その効果はまだ実験され尽くしてはいないのです。

制限のないところに美しさはないというのが芸術の鉄則ですが、このように表現の材料を広げていくことが、果たしてどのような結果を招くかは独り歴史が決定するところなのです。

更にまた、一全音を六等分、あるいは十二等分する方法もあるのですが、これはもはや、音律学上の興味というべきもので、一般的な私たちの耳ではほとんど、その音高差を聴き分けることさえできません。記譜の方法も定められていはしますが、この音階による音楽作品は未《いま》だ書かれたことがありません。極めて特殊な場合、たとえば絃楽器やトロンボーンにあって、いわゆる音を辷《すべ》らせるグリッサンドと呼ばれる奏法の場合、稀《まれ》に、この記譜法が使用されることもありますが、これは単に、作曲家自身の目のための喜びに過ぎぬのであって、各音が耳に意識されているのではありません。

線対位主義

従来の対位法と呼ばれたものは二個以上の独立性をもった旋律が、ある一定の和声上の規則、いわばそれぞれの音が同一の調性内の近親音であることを条件として結合されたのでしたが、ここにいう線対位(Linear Counter Point)とは、往時の音楽にあって第一に必要と考えられた二音の間の協和性に関しては、全然慮《おもんぱか》るところのないものなのです。すなわち、調性上もまた、性格の上からもほとんど関連なく思われるような、全く、独立した別種の旋律を、最も非正統的な方法で組み合わせ、音楽の平面化を逃れようとする手法です。しかしいうまでもなく、この組み合わされたものが、そのお互いの効果を助け合うものでなくてはならないのですが、この組み合わせを決定する尺度は、従来の和声理論にはなく、作家の美観に委《ゆだ》ねられているのです。従来の如き旋律の外見的な類似とか、和音的親近性とかは、もはやそれらを決定し得る尺度ではなくなったのです。ちょうど、古い外見による生物の分類にあっては、鯨は魚に最も親近性があると考えられたのですが、生物分類学の尺度によれば、外見は魚に近い鯨が寧《むし》ろ私たちと近親の哺乳《ほにゅう》類であることが知られ、また、外見は広葉樹としか考えられない扇形の葉をした銀杏《いちょう》が、針葉樹であるのと同様なのです。近代美観という尺度によって、従来の考えでは、全然関係がないとしか考えられないものが、より深い点にあって関連のあることが知られたのです。

この手法の代表的主導者は、アーノルド・シェーンベルクとイゴール・ストラヴィンスキーでありましょう。その音楽作品の上では、考え得る最遠の距離にあるこの二人の現代作家が、手法的には、共にこの線対位によっているということは、極めて興味ある問題です。

また多かれ少なかれ、現代の作品にはこの手法が用いられているのです。

古代主義

ギリシャ時代の音楽には、Modal scale と呼ばれる十二種類の旋法があったのですが、十七世紀になって、この十二種の旋法は、それぞれ要約されて、現在、私たちが長調、短調と呼んでいるものに統合されたのです。これは確かに合理的な進歩ではあったのですが、以来、今日に至るまでの不断の濫用《らんよう》によって、この長短調の組織は、終《つい》に、色褪《あ》せてその魅力を失ってしまったのです。この無気力を救うために、調性を複合的に使用する多調主義、あるいは、これを全く否定する無調主義のあることは既に述べたところですが、ここにいう古代主義とは、これらとは反対に長調、短調に要約されない以前の古代旋法に復帰することによって、新しい音楽を打ち立てようとするのです。このような主義者たちをAncientistと呼んでいます。

ミョーはこの主義に関し、「この古代の旋法に立ち帰り、音楽材料をより確実な生気あるものとしようとする熱望は、極めて有望な、また予言的なもののように思われる」と述べています。

ことに、この十七世紀に行われた長短調への統合は、ただ一つフリギアと呼ばれる旋法を取り残したのです。音の配列の上からいえば、主音の上の音（Super tonic）が常に半音であり、また主音の下の音（Sub tonic）が常に全音であるという形なのです。フリギア以外の旋法は多かれ少なかれ、長調、短調と似た響きをもっているのですが、このフリギアのみは全く別個の印象を喚《よ》び起こすものなのです。平易にいえば、ミの音から始まってミに終わる音階、またはシに始まってシに終わる音階と考えることができます。したがって、ここにいう古代主義者たちの関心も、主としてこの旋法に向けられているのです。現在のところでは、従来の長調、短調の和音誘導法では、どうしても満足な効果が得られないので、ミヨーの主張する複調と、チェレプニンの投影和音法（Mirroring-Harmony）との結合などによって、それらを解決しているのです。ことに、私たちの日本の伝統的な旋法は、十七世紀に取り残されたこのフリギアと酷似しており、長調、短調の和音理論をもってしては、どうしても十分な魅力ある効果を生み得ないのであって、私たちにとっては、この古代主義は重要な関心事でなくてはならないのです。私たちの新しい音楽が、あるいは、この古代主義と類似の形態をもって発達するかも知れぬということは十分考え得ることなのです。近代の音楽全般に見られた音楽上のある無気力は、案外、このような角度から改革されるかも知れないのです。

この古代主義と呼ばれるものは、西欧から見れば年代的には古代に向かったものといえますが、日本の私たちにとっては、現存する私たちの旋法の再認識に過ぎぬのであって、いい方をかえれば、これらの主義は、その音楽の思考を、東洋に仰ごうとしているともいい得ましょう。

日本の長い歴史に育った私たちは、この主義者たちの今後の動きに大きな関心をもたざるを得ないのです。

新古典主義

あらゆる破壊と実験に疲れた芸術は、今や、しばしば古典に還《かえ》れと叫ばれておりますが、音楽にあって、この主張に同調したものを新古典主義と呼んでおります。これは手法と思考の二面においてなされるのではありますが、その主張の正否はともかくとして、この主義者たちは、無制限に表現手法を広げたことによって、かえって芸術は無気力を招いたと考えるのです。この無気力を救うために、再び古典の制限を規範とする思考に立ち戻ろうとするのです。アーノルド・ベネットがいうように「現代社会に発酵しつつある要素が、一度自由な拡散を遂げた後、相互間の真の連関によって再組織されるが如きもの」を彼らは古典と呼ぶのです。したがって、考えようによれば二十世紀の半ばを過ぎた現代のあらゆる芸術は、ある意味で、すべてこの古典主義的な思考に基づいているともいい得るのです。この主義者たちの作品の外面上の特色は、表現の節約と均斉とにあるのですが、この節約の思想はしばしば作品を無味にし、また、手法の上における古典化は、単に古典時代の作家の様式、明確にいえば、チュートンのイディオムの模倣に過ぎぬものに流れやすいという欠点をもっているのです。私たちは、真の古典主義的見解には賛同を示すにしても、雷同的な擬古典的な作風はこれを否定しなければなりません。

ラグ音楽

ラグ音楽とは一般にジャズという名称で呼ばれている音楽のことですが、この音楽は根元を西欧にもたないただ一つの音楽です。本来はアメリカにつれてこられたアフリカ奴隷が、その故郷をしのぶノスタルジアとして奏した音楽なのです。

しかし、この哀感を伴なった旋律と律動感は、近代人の心に強く訴えるところがあって、半世紀も経たないうちに、広く、全世界を席巻《せっけん》するに至ったのです。アフロ・アメリカンの所産であった当初は、未《いま》だ健康なノスタルジアをもっていたこの音楽は、やがてユダヤ系の作曲家の手にかかって、本質的な変貌《へんぼう》をするのです。すなわち、故郷をしのぶ純真なノスタルジアが、帰るに故郷のないユダヤの虚無的なノスタルジアにとって代わられるのです。この救われ難い虚無感が、ますます現代人の不安な心に強く訴えることになるのです。したがって、ジャズのもつ魅力は、虚無と虚無的な肉欲感と、廃退的な律動にあると見ることができるのです。それゆえに、現代の精神的な不安と、肉体的衰弱が増大するほど、この様式の音楽が力をもっていくことは、当然考え得ることなのです。

この音楽のあり方が正しいか否かは別として、この音楽の様式が、いわゆる純音楽と呼ばれている音楽に、かなり大きな影響を与えつつあることは認めざるを得ないのです。もちろん、一般に音楽上ジャズの手法と考えられているものは、決してジャズが創案したものではなく、現代の純音楽の作家たちが発見した手法によっているのではありますが、この借用した手法によってジャズは極度に発達し、終《つい》に、現在では、音楽の世界にあって一つのジャンルとなってきているのです。

ストラヴィンスキーの作品「兵士の物語」、「三楽章の交響曲」などには、逆にこの音楽の影響と見受けられるものを認めることができるのです。

以上の諸傾向を見る時、従来とは異なって、主義主張なるものが、主に芸術そのものに関する思考ではなく、これをいかに表現するかという、いわば手法、または手段の考究に主目的が向けられているのを感じられることと思われます。もちろん芸術（アート）とは、その言葉の示すように本質的に技術技法に関するものであることはいうをまちませんが、このように目的よりも手段、いいかえれば、精神の感動よりも手法的なものが重要な関心事と考えられることは、それ自体が、いわば近代の特色なのです。

ヴァレリーは「手法と目的をはき違えること、これ以上に近代的なことがまたとあろうか」という意のことを述べていますが、この見解はもちろん、多少酷ではありますが十八世紀以前の音楽のあり方と対比する時、二十世紀前半の匂いとしては承認せざるを得ないのです。

また、エマーソン・ウィソンは「私たちはこれからどこに進むべきなのか」という現代音楽論の中で「音楽の制作は、今や、その終末に辿《たど》りついた」と述べ、人類は再び私たちを感動せしめるような音楽を創ることはできぬだろうと嘆いているのですが、これは、単にウィソン自身が立派と考え、あるいは感動を受ける種類の音楽は生まれないかも知れない、という意味しかないのです。音楽や民衆の音楽的嗜好《しこう》が時代と共に移り、また美に対する感覚も変わっていくことを計算に入れていない論法といわざるを得ません。

パレストリーナ時代の民衆が現代のブルースやジャズに心動かされるかどうかは甚《はなは》だ疑問なことなのです。

なお現代の音楽にあって、今までになかった他の一つの現象は、音楽がハイ・ブロウとロウ・ブロウの二つに画然と分離し、ミドル・ブロウを失ったことです。

さきにナポレオンによって統一国家の夢がもたれるや、逆に、音楽は民族意識を強くもつことになったのでしたが、それと同時に、共産、民主の何たるを問わず、とにかく人類、人民の平等化が叫ばれる時代になって、音楽は完全なハイ・ブロウとロウ・ブロウに分かれ、民衆と音楽家が共に楽しみ得るミドル・ブロウの音楽が無くなったのです。街は、感傷と虚無と肉感しかない流行歌とジャズに支配され、一方現代の作家たちの演奏会は、民衆には全く共感のないいたずらに高踏的な作品でふさがれているのです。かつて、ヨハン・シュトラウスのワルツは、その当初、多少の非難はあったにしても、貴族も、庶民も、また音楽家も、共にこれらから音楽的な興味を汲《く》み取ることができたのです。ソヴィエトはプロレタリア・リアリズムという規範によって、ハイ・ブロウの作家の作品に庶民的要素を取り入れるように仕向けていたのではありますが、この時代的風潮には抗し得ず、ハイ・ブロウの作家は飽くまでハイ・ブロウなのです。たとえ、プロレタリア・リアリズムが可と認める作品が生まれたとしても、一般にそれらの作品は、その作家の本領でもなく、また、世界の音楽家たちを承服させる力をもたないのです。このような現象は、決して音楽に限ったわけではなく、他の芸術部門にも見られる否定し難い時代がもつ特色なのです。

第十章　現代生活と音楽

私たちはかつては、農耕には農耕の歌を、漁《いさ》りには漁りの歌を、馬を追うには馬子唄《まごうた》を、また少年時代にはさまざまな遊びに伴った童唄《わらべ》を、冠婚葬祭や年中行事にはそれに伴った多くの歌や音楽をもっていたのですが、近代の機械文明は、この私たちから、そのようなもののすべてを取り上げてしまったのです。

モーターやエンジンによる私たちの労働には、歌は全く必要なくなったのです。冠婚葬祭にあっても音楽の部分を除外していく傾きにあるのです。いわば、私たちの生活から生まれる音楽は徐々に否定されてきているのです。

一方、機械文明の生んだレコード、ラジオ、映画、テレビ等によって、強制的に私たちの心境とはなんら関係のない音楽が、暴力的に私たちに朝から晩まで降りかかってくるのです。

少数の頭脳によって選定された曲目が画一的に街を満たすのです。作家がいかに芸術的な感動をもって書いた傑作であろうとも、私たちは第一主題で煙草を買い、第二主題で釣銭を受け、展開部で知人と話をし、再現部で切符を買い、集結部で電車に乗ることが可能なのです。また、「愛の歌」や、「小夜曲」の伴奏で夫婦喧嘩《げんか》もできるし、廁《かわや》の中で「神の栄光」を聴くこともできるのです。いわば、音楽は私たちの生活を無視し始めているのです。

このような状態では、私たちはもはや、音楽を精神の糧として受け取る態度を持することができなくなるのです。この度合は、今のところ機械文明に比例しております。試みに輸入された映画を一見すれば明らかでありましょう。ハリウッドで作られるアメリカ映画は、ほとんど全部がいわゆる音楽で満たされています。なんらの意味も必要も効果もないところに、ただ音楽が詰め込まれているのですが、これは、一日中テレビをつけ放しにしている人々と同様に、無神経といわざるを得ません。このような無神経は、明らかに人間が機械に支配されていることを物語ります。これは音楽にとっても不幸なことであり、人類にとっても、たしかに嘆かわしいことではないでしょうか。更にまた、この頃は自動車の中で音楽を鑑賞する流行さえが現われ始めていますが、これは、もはや、音楽を音楽として受け取ることのできない明瞭《めいりょう》な証拠ということができます。

このように、私たちの周囲は実に音楽に溢《あふ》れているのではありますが、それに反比例して、私たちは真の音楽を聴き分ける心と耳を失いつつあるのです。また、見方を変えれば、音楽は単に音響でさえあればよいという結果を生み、どんな粗雑な作品でも音楽として立派に通用するという現象が生まれます。このような状態からすぐれた音楽が生まれ、または正しい音楽の鑑賞が起こり得るとも考えられません。デ・ファリャが「スペインの庭の夜」に七年を投じ、ドビュッシーが「ペレアスとメリザンド」に十四年もの歳月を用い、更に、バラキレフが第一交響曲に三十二年の歳月を費やしたことは、単なる昔話となるかも知れません。

かつて、エリック・サティは、音楽があまり人々の注意を惹《ひ》かずに、ただ何となく聴こえている程度のものであることも面白いという見解から「家具の音楽」という作品を書き、広い室の方々に演奏者が散らばって、室の内の客人がそれぞれ話の興に乗った頃合を見て、ごく目立たないように弱く演奏を始めるという計画を立て、これを実験したことがありますが、この天才の音楽は、どのように弱い音で演奏しても、その結果は、客人の話を止めさせるほどに印象的であったのです。この妙な、彼の計画は完全に失敗したのです。すなわち音楽は飽くまで音楽であって、終《つい》に、家具にはなれなかったのでした。この作家は一九二五年に死にましたが、彼が死んで幾年も経ないうちに皮肉にも彼の夢は実現したのです。室内に置かれた大型のテレビから出続けている音は、もはや、近代人には単なる家具でしかないのです。もしその音に耳を傾けているとすれば、何か垢《あか》ぬけのしない音楽青年のようにさえ見えるのです。事実、私たちの注意を奪うような音楽が聴こえることは稀《まれ》でありいたずらに無性格な音響が響いているに過ぎないのです。このことは二つの意味をもっています。当時のサロンの客人は音楽を音楽として受け取り得たことと、作家が自分の個性を消し、無性格な単なる家具になろうと、自ずから努力した場合でさえ、未《いま》だ人の話を、止めさせるに十分な何かを、いわば音楽性をもっていたということです。一方テレビから流れ出る昨今の作品は、できるだけ強烈な動かすべからざる決定的な印象を与えようとしながら、終《つい》に、ワニス塗りの家具以上の印象を、与え得ないということなのです。これは、音楽自体にもその責任はありましょうが、音楽の在り方が変わったことにその主たる原因があります。

原始時代にあっては、音楽は文学、詩、踊りと密接に結合し、いわば同一のものでさえあったのですが、まず舞踊と離れ、次に文学と離れ、最後に宗教と離れ、やっと一人立ちのできる芸術となったのでした。しかしこの独立した音楽も、今までは、常にそれらしき雰囲気の中で演奏されたのです。少なくとも、聴衆は何らかの音楽を聴こうという心構えをもって演奏に接したのでした。音楽作品が、たとえどのようなものであっても、その音は、常に音楽を望んでいる耳に入ったのです。しかし、今や、音楽はその雰囲気をも聴衆の心情をも完全に無視して、単独に鳴り響くのです。もちろん、音楽が自発的にその雰囲気を無視したのではなく、近代の機械文明がこれを勝手に切り離してしまったのです。一方、演奏会と呼ばれる未だに古典的な形態の下に、音楽が演奏される場合もありますが、私たちの生活にあって私たちが演奏会に用いる時間と、放送音楽に脅やかされる時間とでは、その量は比較にならないのです。すなわち、現代では音楽とは、なんらの精神的準備もないところに、突然現われるのが、極めて普通なこととなったのです。私たちの耳は、眼における瞼《まぶた》に相当するものをもたないので、これらの音楽を単に騒音として聴き流さざるを得ないことになるのです。したがって、強制的にこのように習慣づけられた耳を、再び音楽を理解する耳にすることは、かなり困難なことなのです。

このように音楽を聴き流すように慣習づけられた私たちが、今度は逆に、何か音楽作品を聴こうとする場合には、反作用として、耳に聴こえてくる音響美の外に、何かいつもは違った意味を音楽からくみ取ろうとする方向に傾くのです。単に音楽が見事に構成されていると感ずるのみでは鑑賞とは考えられず、哲学的思索とか、文学的連想とかを無理に作り出すことに努力し、終に、さきに述べた音楽の鑑賞から遠のいていく結果を生むのです。

これを救うには、暴論のようではありますが、第一に、あまりに多い音楽から逃れることです。選ばれた作品を時々聴く方が毎日音を聴くよりも音楽について知ることができるかも知れません。老子は既に二千年の昔「五音令人耳聾」（五音ハ人ノ耳ヲシテ聾《ロウ》セシム）と述べているのです。

ここにいう五音とは音楽のことで、あまり音楽、音楽とこれに執着、惑溺《わくでき》すると、かえって、真の音楽がわからなくなるという意です。

第十一章　音楽における民族性

さきに、少し触れたところですが、ナポレオンが、国籍や言語やまた伝統的な慣習を無視して、統一された大きな国家を夢見た時、芸術の分野にあっては、正反対に、それまでもっていた国際的な訴えをもつイディオムから離れて、国民的といいますか、あるいは民族的といいますか、とにかく、伝統と血液のもつ審美感を加味したイディオムを、芸術における重要なものとして意識しはじめたのですが、ここで再びこの問題を取り上げようと思います。

伝統の意識であるとか、血液が本来的にもつ審美感であるとか、芸術の様式と民族性なぞということを取り上げるのは、あるいは、もはや陳腐であり芸術における邪道と考えられるかも知れませんが、私には現代の音楽の世界は、もう一度この問題に触れる必要があると思われるのです。絵画にあっては、その表現の様式と絵具の材料によって日本画と洋画と呼ばれるものに分かれ、また音楽にあっても同様な分類がなされておりますが、今は、それについて語るのではありません。洋画家は西欧の絵具によって、自己の芸術を示さんとし、作曲家たちはまた西欧より輸入された楽器によって自己を表現しようとしているのですが、この場合、油絵具にも、また、オーケストラの楽器にも、共に、国籍というものはなく、近代文明の所産、いわば近代人の共有の財産であり、私が、いかに民族的な審美感を重要視するにしても、今この表現媒体である楽器や絵具の国籍に関して意見を述べるのではありません。

音楽家だけが、未《いま》だにこの民族性などという問題にこだわるのは一見妙でしょうが、これには、極めて平俗なことではありますが、作品の発表される様式もいくらか作用するのです。日本の画壇は、しばしば展覧会という形式によってその作品を展示するのですが、音楽家からの意地の悪い見方をすれば、それは、すべて同時代、同国人の同人的作品に限られ、作品の根拠が西欧のどの作家にあるのかが極めて明瞭《めいりょう》な非独創的な作品が、しばしば立派な作品として通用するのです。また、いよいよ西欧から本物の作品が来た場合は、丁重に「泰西名画展」とか「サロン何々」というふうに会場を全く別にして、画家たちは一般観衆と同じ気楽さで、これを眺めることもできるのです。一方、音楽はもっと酷な状態で発表されるのです。第一部にベートーヴェン、次に私たちの作品、最後にストラヴィンスキーといった編成は少しも珍らしいことではないのです。絵でいえば、作品がミケランジェロとマチスの中間に並べられるようなものなのです。もし常にこのような状態に現代の日本の洋画家がおかれるとしたら、恐らく、作品の完成の度合と同時に民族的な審美感ということを必ず意識せざるを得なくなるのではないだろうかと思われるのです。私たちは常にそのような状態におかれ、いわば同人的な発表ということが、ほとんど考え得ないために、この民族の意識は、他の分野よりも拡大されて意識される結果となるのです。また、逆に同人的発表は、その意味の伝統の自覚を薄らがせるものです。それでは、何を音楽における国民性、または民族的な審美というか、ということは、極めて困難なことです。

さきにも述べましたように、異邦の作家が、日本在来の旋法を用いることのみによっても作品に、ある程度の擬似ではあるにしても民族的な臭気を漂わすことができるという、極めて、複雑な条件に置かれている音楽にあっては、この問題はますます困難なものとなるのです。

ただ、実例によってその何たるかを知っていただくしか方法はないのです。ヴォーン・ウィリアムズの言を借用すれば「ワーグナーをヴェルディと間違えること、あるいはまた、リヒャルト・シュトラウスとドビュッシーを間違えることは誰にもできない。しかし、以上述べたと同様に、個人的な様式にあっては顕《いちじる》しい差をもっているにかかわらず、シューマンとウェーバーの音楽には、共通の因子が認められる。そして、この共通因子こそが民族性なのである」ということができるのです。これらの作家は同一の旋法と同一の和音組織によっているのですが、各々の間には、このような現象が現われるのです。もちろん、作家によっては国民的色彩のあまり豊富でない人もあり、また、外国の影響に押し潰《つぶ》されて、なんらその片鱗《へんりん》さえもない作家もあるにはありますが、すべての偉大な作家たちは、みな根本的に民族的であったのです。これは例証を掲げるまでもないことです。もちろん、他国の音楽的遺産に影響されることはありますが、その根底となる芸術的な審美は常に民族的なものを基礎としていたのです。

古来、私たちは、私たち固有の民族音楽をもっていたのですが、現在、私たちが音楽文化と呼んでいるものは、この民族音楽ではなく、西欧の音楽の輸入によってもたらされたものについてなのです。日本の音楽におけるこの状態は、ちょうど、十八世紀におけるロシアの状態に酷似しているのであって、今、ここでロシアの音楽開花期について語ることが、案外私たちの立場を説明することになるかもしれないのです。

十八世紀の初めピョートル大帝は、西欧の文化に対してロシアの門戸を開いたのです。当時、自国を非文明的と考えたロシアには、消化されない生の儘《まま》の外国文化が流れ込んだのでした。海軍はオランダの様式を、陸軍はプロシアの様式をそのまま受け入れたのです。また、婦人の服装はすべてフランスの原形そのままが取り入れられ、男たちはあの美しい髭《ひげ》を理由もなく剃《そ》り落としたのです。

音楽にあっては、従来の民族楽器ドムラ、バラライカ、スウィレル、グスリ等は低俗なものとして追いやられ、チェンバロ、ヴァイオリン族その他が流れ込んだのです。音楽の様式としては、当時、イタリアが西欧音楽の中心であったために、イタリアの音楽がそのまま輸入されたのでした。

一方、ロシアの音楽家たちはイタリアに送られ、その地で訓練を受けるとともに多数の外国人教師がロシアをイタリア風に教育する目的のために招聘《しょうへい》されたのでした。貴族のサロンは、その中心となって、あらゆるものの西欧化につとめたのです。西欧化の度合が教養の尺度となったのでした。作曲家たちは、素晴らしい固有の民楽を極めて下級なものと見なし、自己の遺産を忘れ、いかにして、西欧風に、また、イタリア風に作曲するかということに没頭したのでした。そして、当時の教養人はそれが最も本格的な正統的な教養高い態度であると考えたものでした。

作曲家ボルトニャンスキーが古来伝わる美しい立派なロシア聖歌を、安価にして軽薄なイタリアまがいに改悪した時、サロンの貴族と教養人は、これに称賛の拍手を贈ったのです。

現在の日本の状態はこれに酷似していないでしょうか。私たちの固有の民楽は、取るに足らぬものとして取り扱われ、作曲家はいかにして西欧風に作曲するかということに没頭し、またこのことが教養高い、正統的な態度と考えられてはいないでしょうか。外国人教師が私たちを西欧的に訓練するために招聘され、外国人教師の見解は、たとえ、低俗極りないものであっても、何か本格的なものであるかのような印象をもって迎えられてはいないでしょうか。また欧化の度合が教養の尺度と考えられている面はないでしょうか。

十八世紀の半ばを越しますと、外国の音楽家に教育された多くのロシア人作曲家が現われ、数多くの作品が生まれたのでした。しかし、作品が強力な西欧の影響の下にあった以上、もちろん、優れた西欧的作品となり得るわけもなく、ましてや、ロシアの作品と呼ばれ得るものではなかったのです。このような当時教養高いと考えられた作品は、現代では全く忘れ去られ、その片鱗さえも音楽の世界に留《とど》めることができなかったのです。

しかし、私たちの周囲には、このような誤った単なる影響を真の教養と思い込み、私たちが私たちの語法で語ろうとすることを恥じ、そのような態度を無知無教養として受け取る風潮はないでしょうか。ゲーテがいいますように「真の教養とは、再び取り戻された純真さに他ならない」のであって、真の音楽的教養とは、学びとった知識と影響を乗り越え、再び自己の肌色に立ち戻って、音楽を思考し、音楽を鑑賞し、音楽を表現することに他ならないのではないでしょうか。

しかし、この蒙昧《もうまい》な文化観は、十九世紀の中葉になり少数の真の芸術家たちによって破られるのです。この胎動は、既にプーシキンにはじまるのですが、音楽の世界にあって、この名誉を負うのはバラキレフ、ボロディン、ムソルグスキーなのです。ただここに一つ極めて注意を要することは、このロシア音楽様式の創設に貢献した作曲家たちの作品を、当時の最も教養あった芸術家やサロンの貴族が、口を揃えて「野鄙《やひ》」または「素人臭い」と非難したことです。

したがって作家は、初めは野鄙の非難を受けるにしても、自己の語法と様式で語ることを恥じてはならないのです。また、もしそれほど、自己の語法が醜く感ぜられるならば作品を書かない方が賢明です。また鑑賞の立場からいえば、私たちの伝統的な語法が野鄙に響き、もしこれを愛することができぬのであれば、当然、異なった伝統と、異なった歴史と、異なった思考によって生まれた西欧の音楽を、真に理解し得るということはあり得べくもないことなのです。ムーアの有名な「芸術が最後に万国的になるためには、最初に地方的でなくてはならぬ」という言葉を、もし鑑賞の立場に翻訳するとすれば、最初地方的なもの、いわば、自己に身近なものが理解できなくては、万国的な作品から感動を汲《く》み取ることは、覚束ないということにもなるのです。

しかし、私がここで述べているのは、伝統を意識した思考によってのみ、はじめて国際的な訴えをもつ作品が生まれることを指摘したいのであって、決して民族性の表出が芸術の第一義でなくてはならないというのでもなく、また音楽の鑑賞に当たって、常にこの民族的な意識を必要とすると述べているのでもありません。

さきにも述べたところですが、ラヴェルの音楽はドイツでは理解されず、またブラームスの音楽はフランスでは理解され難いということがあるのですが、これは、作家が本質的に民族的な感性に根拠をおいているからなのです。先ほどのムーアの意見とは多少齟齬《そご》するようではありますが、この理解されないという言葉は、愛好されることがないというほどの意味です。このように私たちは、いかに音楽そのものの直接効果を聴くという即物的な態度をもったにしても、理解しまたは感じ得ないということがあり得るのです。これもまた民族的な審美感の表われと見ることができるのです。

あとがき

以上、私は不要なことに饒舌《じょうぜつ》にわたり、必要なことを簡略に、あるいはまた全然触れませんでした。

殊《こと》に重要な面は、音楽は他の芸術と異なって、たとえ作曲家がどのように作品を書き上げようとも、それは単なる楽譜に過ぎない。いわば単なる設計書に過ぎないのであって、これを音響化するには、演奏という極めて不可解な世界を通過しなければならないのですが、この問題に関しては全然触れなかったのです。私たちは現在は全く慣れてしまってはいますが、音楽にあって、作曲と演奏という位、奇妙な関係で結ばれているものを他に知らないのです。絵にあっては、作品は直接作家の手になるものであり、文学もまた同様です。ただ、同時に多くの人々に触れるという目的のために印刷というものが介在し得るのですが、活字さえ揃えば、どのような文学を印刷することも容易ですが、音楽にあっては、かなりの作品を、かなりな程度に再現し得るということは非常に困難な事柄なのです。シェーンベルクの「期待」という作品は演奏が困難であるために、作品ができてから演奏されるまでに十六年の年月を待たねばなりませんでした。この演奏が困難というふうなことを別にしても、書かれた作品が、管絃《かんげん》楽曲等にあっては、約百人の生活と芸術観とを異にする人によって再現されることを思わなければなりません。これはただに建築だけが共通なものなのです。

一つの知識が進歩するのには、いくつかの顕著な段階を通過するものです。たとえば、ユークリッド幾何学第一巻第五の定理である「三角形において二辺相等しき時は、その対角もまた相等しい」というのがありますが、当時はこれを理解し得る人は極めて少なく、人々は、これを数学上の「通過し難き橋」(Pons Asinorum 驢馬《ろば》の橋)と名づけたものでした。しかし、やがてこれは常識程度の普通なものとなったのです。また一時代が過ぎて、パスカル等の円錐《えんすい》切断面の研究が行われますと、再び民衆はこの新たな橋にぶつかったのです。これもまた、現在では容易に通過し得ることなのです。現代では相対性の理論は、私たちの多くにとって、全く「通過し難き橋」と思われるのです。しかしながら、科学における場合は、これを理解し得ないものは、自分の方が落伍《らくご》者であることを知って、通過し難い橋の前を、引き下がるのですが、芸術と呼ばれる世界にあっては、常に落伍者の方が正当であるとの意識をもち、正しい考えの方を否定する習慣があるのです。

したがって、一つの新しい考え方は、常に大勢の古い考え方の人々に否定されてきたのです。もちろん科学の世界にもそのようなことのあったのは、コペルニクスや、ガリレオ・ガリレイを引き合いに出す必要もないでしょうが、とにかく、芸術にあっては、新たな主張が、正当に評価されたというためしがないのです。

現代の私たちから見れば、当然のことであっても、その時代には大きな論議のあったことを念頭においていただかねばなりません。これは現代にあっても同様なのです。

もちろん、新しい見解がすべて正しいなぞというのではありませんが、なんらかの見解が生まれるには、それ相当の理由のあることを思わねばなりません。

音楽の鑑賞にあっても、作曲家の場合と同様に自己の見解の確立のために戦いが必然的なものとなるのです。自己の思考を労さずに、大勢の流れるところすなわち、時流についたのでは、決して真の途《みち》は発見できないものなのです。

ゲーテは「不遜《ふそん》な一面がなくては芸術家といわれぬ」と述べていますが、鑑賞することもまた立派な芸術であることを忘れたくないものです。

一九八五年改訂版（現代文化振興会）の叙

このたび、私の三十数年前の古い小冊子「音楽入門」が改訂、発行されることとなりました。

筆者として意に満たぬ点も多く、また、爾来《じらい》、かなりの年月を経ているので、今更と、これを固辞して参りましたが、現代文化振興会の石川知大兄の数年にわたる懇篤な勧めに絆《ほだ》されて、今回の運びとなりました。

初版の年、昭和二十六年は、その四月に、日本コロムビアから初めてLPなるものが発売され、これが大きな話題となった、そんな時代でした。

それまでは、レコードの片面は五分未満であって、ガブリエル・ピエルネなどは、作曲家は、このメカニズムの制限を考慮に入れて作品を書くべき時代であるとし、自ら片面ごとに終結する作品「旋回（ジラシオン）」なる作品を発表したりなどしていたのですが、これが全く崩れ、改めて音楽の世界におけるハードとソフトの関係が問題とされ始めてきたのでした。

このような時代に書いた本なので、当然のことながら、種々の点でズレがあると思われます。特に現代音楽の諸潮流などの項目にあっては、それ以後に現れたあの夥《おびただ》しい数の主義、主張等については全く触れておりませんが、そのことは一方、かえって、その時代の様相を知る一つの道標となり得るかも知れないとも考えております。

また、本書の中に現れる音楽の即物的な見方に関しては、どうも誤解を招きやすく、殊に、ロマン派風、印象派風な思考に馴染《なじ》み深い方々には、いたずらに近代的な非情な、無思想な見解に受け取られるようなのですが、この考え方は、既に古く三世紀の中国の優れた哲学者、嵆康《けいこう》（西暦二六二年に呂安事件に連座して投獄され刑死した）の「声無哀楽論」の中に極めて明確、詳細に述べられ、爾来今日まで続き、アランやストラヴィンスキーに受け継がれてきているものなのです。今後も音楽のつける衣装は種々と変わるでしょうが、このことだけは揺るがぬものと考えております。

いずれにしても、三十数年前の本なので、浅学の謗《そし》りは免《まぬが》れないでしょうが、もし幸いに、何等かの点で共感を賜り得るならば、筆者の悦《よろこ》びこれに過ぐるものはありません。

昭和六〇年一月

二〇〇三年新装版（全音楽譜出版社）の跋

このたび、私が昭和二十六年に書いた古い小冊子『音楽入門』が新装版として発刊されることとなりました。この小冊子は昭和六十年に大阪の文化振興会によって再版されましたが、その時点で既にかなりの時代のずれを感じました。今回は、その度合いは更に大きいものとなっています。今、これを見るに、忸怩《じくじ》たる思いを禁じ得ませんが、縁あって新装版の上梓《じょうし》の運びとなりました。

ただ、今後も変わらないと考えているのは、種族の血がもつ審美感、思想、伝統等、誤解を恐れずにいえば、ユングのいう集合的無意識の存在とその重要性です。グローバリズムが叫ばれ、説かれている今日、今猶《なお》、このような問題に拘泥《こうでい》するのは、明らかに時代錯誤と思われるかもしれません。

しかし、我々に内在するこの伝統的な感性、思考、哲学等の重要性は芸術や創作の分野のみでなく、数学や物理の如く情動の働く余地の無いと思われる世界にあっても、今日、甚《はなは》だ重要な因子として注目されるに至っております。

物理学者メンデル・サックスは彼の著『アインシュタインvsボーア――はてしない物理

学の論争』の中で、これに関連した問題として『二十世紀に於《お》ける偉大な物理学者の一人である湯川秀樹博士が老子や荘子の古代中国哲学の影響を認めているのは興味深い』と指摘しています。このことは、東アジア種族である我々は、多かれ少なかれこの道（Tao）の影響を受けているのですが、自《みずか》らはわかり難く、他の種族から見るとはじめて明白な特色となることを物語っています。

また、サックスは現在のこのはてしない論争が、将来、種々な古来よりある全体論的なアプローチに依《よ》って新たな解決を見得るかもしれないとも述べています。その例として、東洋では三千年前のインドのバラモンとその教え、古代中国の老子やその弟子たち、道教、仏教、禅、西洋では同様に古い古代ギリシャ哲学、また、ユダヤ文化のカバラ教などを掲げています。現在の最も進んだ物理学にあってさえ、このような現象が指摘されていますが、殆《ほとん》ど、情動のみで動く芸術にあっては、この問題は更に重要さを増すものと考えています。

このたびの新装版の出版に当たっては、時代に伴う使用文字の変更その他で予想外の手数を煩わすこととなりました。ここにご協力をいただいたスタッフの方々、中でも林信介氏に心からの謝意を表します。

二〇〇三年四月

インタビュー（一九七五年）

──作曲家になられた動機は何でしょうか。

さてねえ動機といってもね。別に作曲家になる気はなかった訳ですけどね。はじめはやっぱり曲が好きで、書いたりして……十代の頃ですけど、生きてく方は北大の農学部出で農学をやってて。

その時に自分で言うのもおかしいですけど、フランスにチェレプニン（賞）ていうオーケストラのコンクールがありましてね。それに書いて出したところが一席になって、それでまあそうかなあと思ったんですが。その時にはそれでは食えない訳でそれから十年ぐらいたって、その時にチェレプニンが日本に来まして、山の中で書いてて、どうしてそういう音楽を書けるのか、というような事でぜひ会いたいという事で横浜に来て、あまり待遇が良いものですからそれで長いことといて、すこし勉強して帰ったんですけどそれでもまだ曲書いて行く気はなかったです。

戦争が終って、そのころ宮内庁に帝室林野局というのがあってそこで木製飛行機の部品のような物を戦時科学研究員という事で研究してた訳です。ところが日本が負けて、マッカーサーが来て、五日目でしたか日本の航空機関係の研究はいっさいまかりならんという法令が出た訳です。こりゃもうやる事なくなったなと思ってる時に、そのころ木を調べるのにコロナ放電といって、電気の放電でキズを見つけたりするような事をやっていたんですが、それが悪くて八月二十八日、役所で倒れてしまったんです。方々から血が出て。それで一年休んだんですが、どうも研究も無いし…… 一ヶ月の公給ではおまんじゅうが十個ぐらいしか買えなかったですね。

もうにっちもさっちも行かなくなって、それにまあどうせここまで来たんだから音の方にかわろうかということで……その次の年東京に来て、そしたら東宝でやるんならやってみないかというんで、それじゃあという事でそのころ東京に人を入れないという規則があって、特別な証明が無いと入れないんで、私達日光《にっこう》にいました。それで今の上野《うえの》の藝大で講義をしないかというので、講義はその頃俸給が四百円で日光までの電車賃が百円ですから、二日通うと無くなるんですけどね、それをもらっとくと東京へ出られるものですから。それで日光から週に一度くらい講義して、そうこうしてるうちに東京に職業があるからという事で、戦争が終って三年目に東京に入り込んだというかたちですね。

——映画「銀嶺の果て」（一九四七年）を初めて担当された経緯は？

最初、題が「山小屋の三悪人」だったんです。それで、あなた山で暮してたんだからいいだろう、ということで、いやな題ですねといったら、いや題は仮題でそのうちなんとかなるかも知れない、まあやってみないかという事なんです。その時、友人でいっしょに演奏会なんかやってた早坂文雄《はやさかふみお》君が、十年も前に東宝に来てるんですね。それでこの脚本《ホン》があの男に向くんじゃないか、じゃあ、という事でなったようです。それは後で聞いた話で、ねらいとしては三船（敏郎）さんの第一回の作品で、谷口千吉《たにぐちせんきち》さんもそれが最初なんですね。それでみんなが新しいんで、音楽もそれで行こうというような事になったんじゃないでしょうかねえ。それより以前にレコードやなんかは出てましたから、音楽のスタイルやなにかはプロデューサーや監督も一応は聞いてたんじゃないかと思いますね。

――映画音楽は具体的にどのようにして作曲される訳ですか？

まあ、大体どのような感じというのは、脚本《ホン》を読んでつかまえる訳ですね、それからあと二つのやり方があって、踊りに合うとかいう場合は音を先に書きます。我々の世界では「プレスコ」と言ってます。あとは出来てから台詞《せりふ》も効果もなんにもないラッシュを見て、こことここに音を入れるという事を決めて、考える訳です。あとは画《え》が出来てから一週間か十日ぐらいで秒を全部合わせて書く訳です。

――短期間の仕事ですねえ。

そうですね、日本の現状では非常に短期間ですね。

——日本映画はあまり音楽を大事にしないと聞きますが。

映画の全費用でも一パーセントいってないんじゃないでしょうか。外国のは四パーセントだと聞いてますけど。それから時間やなにかのあつかいも非常に粗末ですね。

でもシステムだけで言いますと、アメリカのハリウッドなら、撮影所があってその近所に作曲家が普通百五十人くらいいるそうですが、毎日ラブシーンの音楽だとか、戦の音楽だとかドラマに関係なく書いたのを、撮影所に売りに来るんです。それを使えそうだと安い金額で買う訳です、そしてそれを戸棚に全部、ラブシーンだとか宇宙物だとか分けて入れてあって、映画を作る時にディレクターがその中を捜す訳です。ミュージックディレクターが。それからアレンジャーというのが画《え》に合うようにアレンジするんです。それがアメリカのシステムですね。

それからフランスのシステムは日本のようにやるんですけど、あまり映画を見ないで、なんとなく主題のようなものを書いて流すというのが一般的なかたち。それからロシアのスタイルは、台本をもらうと作曲家はシンフォニーを書く訳です。三楽章くらいそうすると監督はそれを元にして適当な所を抜いてはめて行く訳です。ですから曲書く人と監督とは一度も会わないというようなことがあって。

それに較べるとシステムの上から言うと、日本が一番合理的に出来てる訳です。監督とも話をするし、画《え》も観るんですけど、ただそこに使う費用と時間が少ないんです。でもアメリカでも一人が担当して書いた時には、一枚タイトルで「ミュージック・バイ・〜」と出るんで、「ミュージックディレクター・〜」と出るときはそれでやるんですね。ですからアメリカのは場面場面は非常によく合ってるんだけど、観た後で割にハリウッドの名作は音楽が印象に残らない。フランスだと、聴いた後にその主題歌は非常に印象に残るんだけども、ある場合は画面で観た時にくっつきのよくないところが二、三ヶ所あるんですね。それからロシアのはそれで時間をかけるんですから、それはそれで良いんですけど、まあ一長一短です。

日本では台本の段階で打ち合わせる。ラッシュを観てそれに合わせて書いてゆく。ただ非常に時間が少ないし、それとこの頃はオーケストラが小さくてこまりますね。

——一番長く時間をかけられたのはどのくらいですか。

そうですね、時間にして、やっぱりひと月、ふた月かかるのもあるんです。

——「釈迦《しゃか》」（一九六一年）などの大作の場合はどうでしたか。

あの時は七十ミリという今までやった事の無いシステムなんで、日本では録音出来なかったんですよ。現像はロンドンでやったんです。で、本当はもっと大きいちゃんとした音入ってるんですけど、英国人てのは神秘ていうと皆弱いと思ってるんですね。ミステリーというものは弱いという感じがあるもんですから。アジア人は大きい音で神秘を考えられるんですけど。梵鐘《ぼんしょう》をガーンと打った、それでも神秘になるんですけどね。こっちが強く書いたものを弱く入れてしまっても、それは外国でやる事だから仕方の無い事で、こちらからミキサーも行ったんですけども、言葉が不自由でどうしようもないな、という事でうまくいかなかったようですね。ああいうものは色々時代考証とか旋法とか色々な話が出るものですから意外に時間がかかりますね。

――自作の映画音楽で一番気に入られたものは？

それはいつも追い込みやられるものですからねえ。どれも気に入ったことなくって……。

――「サンダカン八番娼館 望郷」（一九七四年）の時はどうでしたか。

あれは編集なんかにも口出ししてくれという事で、編集に口出ししてわあわあやってましたから。音楽的に時代が違うのと、場所と、そんなようなことで苦労はしましたが、書くのはとくにつらいという事はないですね。熊井《くまい》（啓《けい》）さんという人が割に言うことを聞いて下さる方なもんですからね。最初の二巻は全然音楽なしでやらしてくれて。今の音楽は多すぎるからだめなんで、もっと減らして減らして、二巻目が終って三巻目ぐらいからやっと出て来るような、まあタイトルはちょっとかけましたけどね。そういう風な方法とらしてもらって……ええ別に効果が良かったかどうかということになると、ちょっとわからないですね。観る方がみなお若い方が多いですが、僕ら五十、六十になると感動するところが違ってくるんですね。ですから若いスタッフの人達の意見なんかも聞いたりして。僕達はなんともないたとえばラブシーンなんか、音楽入れる気しなくなっちゃうんですね。ですから年配の監督さんとやる時には、非常に話が合うんだけども、ちょっと年代が開いてくると、意見が食い違って仲々やりにくい事もあるにはあるんだけど。

――本多猪四郎《ほんだいしろう》監督とのお仕事はどうですか。

あの方は大変な人物なもんですから、ままここなんとなくいるんだよ、というようなことで、またワーと出て来るときにいるもいらないもないんですよね。やっぱりつけないと作り物だから大きく見えないし、それじゃまあ入れましょうという事で、論争になるという事はまったくないですね。

――「メカゴジラの逆襲」（一九七五年）の音楽はどうでしたか。

メカゴジラはゴジラになられちゃこまるということでね、ゴジラなんか主題を覚えている方がいるんで、それにメカニックな感じもしなくちゃならんという事でいくらか感じを変えるようにやるにはやったんです。どういう風に皆さんに聞こえたか、わかんないですね。

――「地球攻撃命令　ゴジラ対ガイガン」（一九七二年）の音楽は？

あれなんか一曲もかかないんです。まあ薄気味の悪いことやられちゃってね。しょうがないなと思ったんですけど、昔は六十人くらいのオーケストラ使っている訳です。今六十人使うと大変費用がかかるので、それなら昔のテープを使ったらどうだろうかということで、経費節約の為にやったんですね。

オーケストラですか。やっぱり雇ってくる訳ですね。前には東宝オーケストラというのがあったんですけど今はないので。指揮は練習のときは私がやって、最近は代棒といって、練習した時と同じに振ってくれる専門家がいるんです。だいぶ前はブースといって録音する部屋で白い手袋はいて指揮してたんですけど、早いものなんか合わないんです。オーケストラと指揮が離れると、どうしてもだめなんですね。特別なカンタビレな……唱《うた》うような効果の所で、どうしても人に任したんじゃ唱にならないというようなことがあるとこまるので、そういう時は中に入ってやりますけど。演奏中はミキサーの横で、また伊福部さんが来たえらいこっちゃ、といわれているんですけど。ちょっとこう（ミキシングの機械を）さわるんですね。練習で思うような音が出るようにするには時間がかかるもんですから、テンポが合えばどの楽器が強く出てほしいとかはこっちでやる。時間をかけるならさわらないけど、早くやるんならさわらせろ、と言ってまあミキサーも心得てるものですから、またあのうるさいのが来た。しょうがないわいと言って椅子ひとつ用意していて。二人並んでやるんです。

――自分で一番うまく行ったと思われる作品は……。

いやあ、一番まずかった、しまったと思うのはありますけどね。思いだしてもゾッとしますけど。だいぶ前に、石川五右衛門の映画だったと思うんですが（「真説 石川五右衛門」一九五一年）。山の上で武田信玄が昔の恋人に会うんです。久し振りだからひとさし舞うてくれるかと舞いをやるんですが、それをプレスコでフルートで行こうと思ってたら、どうしてもフルートの人が来なくて、一曲だけだったんですけど、連絡違いでどうしようもなくて、フルートのパートをバイオリンで弾いたんですよ。それでまあその下品な事、恥ずかしい事。僕は入れなおすと言ったんだけど、これで良いこれで行こうと言うんです。その恥ずかしい事といったらないんじゃないですかね。

それから一曲書き忘れて行った事ありますね。メンバーが帰ってしまって、いやまだ一曲ある、ああそうそうと自分で演奏した事があります。そこはピアノソロなんだって嘘をついてね。作品の名前は言いにくいけど。それも死ぬほど恥ずかしいですね。

それと一度ペテンにかかって恥ずかしいのは（萬屋《よろずや》）錦之介《きんのすけ》さんで「親鸞」ていう写真《シャシン》（映画）をやった時、大河内伝次郎《おおこうちでんじろう》さんが朗詠の様なものを琴の伴奏でやるところがいくら譜を書いてもわからない、うまくいかないんですね。それでまあ練習用に先生やってくれ、と言う訳で私ちょうど風邪ひいてて龍角散飲んでたんですけど、どうもその練習用のテープにしては録《と》り方が丁寧だな、おかしいなとは思ったんだけど、まあ大河内さんだからきっと、うるさいからこういうことなんだろうと思って、練習用に大河内さんに渡したことになって、これでいよいよ映画完成したんだっていうことで観たら、私が唱ってるそれを、そっくりそのまま使ったんですね。

——映画はどういった作品がお好きですか。

やっぱり若いとき苦心して観たということでペペ・ル・モコの「望郷」（一九三七年）とか、「商船テナシチー」（一九三四年）とか、何年か前のドンキホーテとかあの辺が好きで、まあ「ヘンリー五世」（一九四五年）なんかいいと思いますけども、割にオールドファンていうんですか、古いのがやっぱり映画を見たっていう感じが私達するんですけど。勉強の為に、新しいのも観ますけどね。

——スターでは誰がお好きですか。

そうですね……その人が出ていれば見に行ってみようと言うのはジャン・ギャバンとかあの辺のものが好きですけど、今はもう古いんでしょうね。

——「ゴジラ」（一九五四年）の音楽では御苦労なさいましたか。

そうなんですね。結局ハ虫類のでかいのが出てくるもんですから。まあこまったんですけど、どういう風に苦しんだか今憶《おぼ》えてないんですよね。

ただゴジラの鳴き声というのは、コントラバスの絃《げん》を糸巻きからはなして、皮の手袋に松ヤニをつけて引っ張る「ヴァー」ていう音が使ってある訳です。私だけでなく擬音の人も居たんですが、何で作ってもそれらしい音が出ないですから色々怪物の声を合成しても、本来ハ虫類というのは声出さないですからね。それから江戸川さんという方が今の東宝におられますけど、音を増量する不思議な機械を持っておられて、それが故障が来てたたくとバーンバーンとなかなか良い音がするので、その音をゴジラの足音にしたんです。あれもう一度作れといわれても、出来ないですねえ。

音楽のスタイルという事になると、別に大きい物だからこういうものでどうだろうかという事でやっただけで、そう苦しんだという事もないんですけど。

――ゴジラの音楽は力強い繰返しの音ですね。

そうなんですね。音っていうのは繰返す事によってだいたい力というものが出てくるんですからね。音楽的に言えばひとつの音に沢山の楽器が集まって、セーヴというんですが、声を少くして沢山の楽器を使い込むという、書く方の技法ですけど意識してやってます。それでないと、オルガンみたいに音を沢山分けて、色んな楽器で色んな音を出すと、幅は広くなるけど力は弱くなりますね。ですからバイオリンの下のG線ですとトロンボーンも来るホルンも来るし、クラリネットも全部がそこへ重なる。その辺の音域でドンドンジャンジャンやる……ワグナーの音楽みたいに開くと、華麗にはなりますけど力強さはなくなるんで、怪獣のときにはその音を同じ音域に縮めるという書き方をします。

——ゴジラのテーマが「ラプソディ・コンチェルタンテ」の中にそのまま出て来ますね。

まあ結局ああいった音型が頭にあって、終戦の次の年に書いたものがそういう風に重なるという事があるんですね。ちがった発想してるんですけど。自分で自分の書いたものからそっくりそのまま出て来て、これじゃこまっちゃうな、という事もありますね。

——先生の宗教は何でしょうか。

神道です。神道ていうのは非常にこの心臓が強いと言うか、宗教でなく儀式だと言われてるくらいなんです。仏教でも神道の中のひとつの考え方だと考えられてる訳ですから。ですからもちろん「釈迦」もやるし「親鸞」もやる、「人間革命」(一九七三年)というのもやるし天理教の「扉はひらかれた」(一九七五年)、それから立正佼成会からたのまれたブラスバンドは書くしと言う訳で、あと残ってるのないじゃないかって大笑いしてるんです。キリスト教も一昨年に日本劇場でやった「日本二十六聖人」(一九七二年)というバレエの音楽を書きました。抵抗ないかって言われたんですけど、まったくないですね。

——やりにくい作品というのはどんなものでしょう。

大船調《おおふな》というんでしょうか、畳の部屋があって障子があって柿の木なんかが写って家の中にはお爺《じい》さんもいるし美人の娘がいるしという、あれは全くもうどうしてよいかわからないですね。たとえばオーケストラの中のフルート吹いていても笛に聞こえるし、バイオリンでやる訳にもいかないし、ピアノでやってもおかしいし、トロンボンとかトランペット打楽器という訳にも……出る楽器が無いんです。どう考えても、ですから楽なこと言えば、船の上とかキャビンの汚ないところとか宇宙とか焼跡とか、そういうものはやり良いですね。我々の生活してるんでない、ちょっと特殊な世界の方が音はかき良いです。お爺さんいてお婆さんいて畳の部屋で障子出られたらもう、往生します。まあちゃんとおぼえてて、そういう写真《シャシン》はこないんですけど……だから美人の出るきれいな写真《シャシン》は、一度もやったことないんですね。綺麗《きれい》な人が綺麗なまま出る写真《シャシン》なんてのはまずないんじゃないでしょうかね。それかお姫さまなんかになって出て来ればやりよいんですけどね。

――大映の映画の音はどうも割れているようですが。

それは録音の機械が悪いんだと思いますね。それにメンバーも、言いにくいけど関西さんは上手じゃないんです。録音の機械は東宝はウエストレックスというあちらさんの機械を使ってる。東宝さんは飯田蝶子《いいだちょうこ》さんの旦那《だんな》さんの創案したシステム、それを基礎にして少しずつ改造してるんですけど。なにしろもとのところが残っているんですから音は悪い。

大映さんは機械はずい分粗末ですね。松竹さんもひどい機械使ってます。去年の「狼よ落日を斬れ」(一九七四年)でひどい目に遭ったんですけどろくな機械なくってひどいです。録音室もひどいし一番ひどいんじゃないでしょうか。

――TVの音楽は担当なさらないんですか。

何回かやりましたけどもほんのわずかです。忙しくってとても出来ないですね。一週間に一本とか、若い方でないと考えている時間も何もないものですから、芸術祭参加作品とかそういうものをやったことはあります。それでも映画より時間がずっと少ないし録音の時間も少ない。それと映画ですと大きい画面ですから、大体どの動きでどのくらいの編成で、というバランスが直感でわかるんですけど、こんな何インチていう大きさで写ってどんな音か自分で見当がつかなくなるんですね。それと強弱の関係が、聞く人がちょっとうるさいからと弱くされると……強さでフレッチャー・マンソンの効果といって、上下のバランスをとっていて、それより弱くされると低音の方が無くなるんですよ。高くするとこれがバカに強くなって、それを各人が家庭でやられたんじゃとてもかないません。それと画面とピタリ合わせてくれれば良いんですけど、先に録っておいてディレクターが適当な所に、あの音楽そこへ流せ、と関係のない所に入れるんですね。それがディレクターがやるもんですから、何の音楽かお化けじゃないか、というような使われ方するんです。まあいい年して恥かくのはやめようと思ってやらない。やらないもんですから自然話がこなくなって、今は全くないといっていいと思います。

――民族楽器を集めておられるそうですが。

民族楽器というか、西洋音楽が入る前に日本でやっていた、中国の影響を受けた明清楽《みんしんがく》というのがあるんですね。大正天皇が即位のとき使われた楽器を全部、私が持っているんです。あとは楽器がそんなにないのと高いのとで……インドのシタールなんかも欲しいんですけど、ちょっとね。まあこの頃他に買うものも出来たし、さあ……いくつか……五十くらいはあると思うんですけど「アナタハン」（一九五三年）という写真《シャシン》の時にはスタンバーク（監督）があんまり偉そうなこと言うのでそれじゃ度胆《どぎも》抜いてやれというんで、そういう楽器を持ち込みました。家のお弟子さんに即席で演奏を仕込んでね。そこだけ弾ければ良いようにね。それから琴の人もたのんでおきました。三人。後に拍子で肩打たくようにしてこっちで棒振ればそれに合わせて肩をたたくようにして……さすがのスタンバークも黙ってしまいました。それから中国との合作映画で「ダッジ」という日本で封切りならなかった様ですが、その時にも楽器を色々持ち込んで色々やりましたね。「サンダカン八番娼館」でも不思議な音してる土地の音楽なんてのあれ全部こっちからの持ち込みでやってるんです。

——怪獣映画の民族音楽などの場合は？

そういう時は、こっちから音の大きいもの一つ二つ持って行きます。やっぱりヨーロッパの楽器だけでは、出ない音もあるもんですからね。ムー（大陸）なんかでしたらポリネシアなんかの音型とか、音の並び方というものが決まっているもんですからそういうのを参考にして書くんです。ムーなんかあったかなかったかわからないけど、場所だけはわかってるんだから、まあ学術映画じゃないんだから少しはよろしく、という事でね。でも日本や西洋に聞えたんじゃ話にならない。詩なんかはこちらで捜してくる時もありますし、作って来てくれる時もありますし、大抵がなんか適当に作ってよ、ということでまあ言葉やなんか文献が取ってあるもんですから、そういうのから見つけてくるんですけど。インディアンの言葉が使われたり色んなことしますけど、まったくでたらめということはないですね。

——趣味のようなものはお持ちですか。

趣味でやってた音楽が本職になっちゃったもんですから……はじめは絵描きに出来ればなりたいと思ったんですね。絵の先生についてちょっと勉強したりしたんですけどね。二科会にいる佐藤忠良《さとうちゆうりよう》という彫刻家が一級上で、作家で船山馨《ふなやまかおる》というのが同級で、三人が中学の時に絵の会があって誰が一番うまい絵描きになるか、おれだとかなんとかわあわあやってたんですけれど、佐藤忠良は絵だめだっていうんで彫刻家になるし、船山は作家になって『石狩平野』なんか書いて、こっちが音の方になっちゃって銀座なんかでも会うことあるんですけど、お互いどうもとんでもないとこ来て、絵は一体どうしたんだって、絵を観ると劣等感を感ずるねなんて大笑いしてるんですけど。好きだったんですけど、この頃自分で描くことしませんね。少年の時にロダンの展覧会がありました。ロダンの彫刻全部が来て、彼のデッサンが来て、他にフランス後期印象派の絵なんかがちょっと並んだのを観た時に、あ、これだと思ったんですね。まあなまけ者で、音も好きだし、絵も好きという事で、当時としてはこまったことと思われたんじゃないですかね。

――少年時代で印象に残っている本などありましたか。

さあ……どなたにもいうんですけどファーブルの「昆虫記」なんか感動しましたね。農学の林学やってて、森林昆虫てのをやりましたけど、今でもその頃のあれが残っているんじゃないかと思うんですけど。孫なんかキリギリス取って来ますと本気になって見ますからね。小説ではそうですね　特に……北海道というのは今大学に文化系が有るんですけども文化がないもんですから割に誇大妄想で、もう中学くらいからドストエフスキーとかゲーテとかいったものを読むんです。それで日本の漱石《そうせき》とか鷗外《おうがい》とかを読むのは中学終わってからですね。北欧の作品なんか風物が同じなものですから非常に印象に残ってますね。皆がそれを読んでたもんですから、日本の作家に気が付くのはだいぶん後ですね。

――雑誌などは？

少年時代は雑誌なんか読むよりウサギを捕ったりする方が面白かったんじゃないかな。夏は川で魚もいくらでも取れるし夜になると結婚式だっていうんで踊りがある。お産だっていうとワッと踊る。冬になればウサギが罠《わな》で取れる。スキーをやるということで、音なんかでも若い頃にモーツァルトとかそう言うものをやったかというと、そういう所はない訳ですね。イーゴリ・ストラヴィンスキーとかにポンとんで来る。ですから割に普通世の中で考えられるような順序よくいい点もらって、その世界でのびて来たんではない。ロダン観たらそれじゃ絵描きっていう、今考えれば支離滅裂というんでしょうか……でもその頃の人たちは皆そうだったんですね。基礎薄弱というか、みな病に取りつかれたようになっていて、彫刻なんていったら、神社の狛犬《こまいぬ》か道路の地蔵さんか仏さんぐらいしか見たことない時にロダンなんか出て来たら、びっくり仰天しますよね。今はそうでなくて展覧会も沢山ありますし、色々な人が色々な説をなすから、それを整理するのが困難でね。さて自分は、という時に何もなくなる時代だから。

（聞き手「衝撃波Ｑ」編集部）

開田裕治・編「衝撃波Ｑ　４号」（「宙」関西支部「セブンスター」刊、同人雑誌、一九七五年十月）所収

解説

鷺巣詩郎

「名を成す」とは、なんとわかりやすい日本語か。ベートーヴェン、ラヴェル、ガーシュインと言えば、固有名詞としてだけではなく形容詞としてその作風までを特定できる。フジタとは、知人の藤田さんではなく藤田嗣治《つぐはる》とそのスタイルを指すのであり、クロサワ(黒澤明《あきら》)、カワクボ(川久保玲《れい》)とて同様。イフクベもまた、そのひとりである。

作曲家としての伊福部昭ではなく別の印象をもつ者もいるだろう。ウォルター・ピストン、ゴードン・ヤコブ、石桁真礼生《いしけたまれお》、伊福部昭は、われわれ音楽を学んだ者にとって楽理書の背表紙でなじんだ名前でもあるからだ。伊福部はきわめて有能な教育者としても、多くの良書や名文を残している。

これは当然である。古今東西すぐれた音楽家の条件そして使命は、その叡智《えいち》をできうるかぎり後進に託すことに他ならないからだ。この啓蒙《けいもう》こそ、音楽をはじめとした芸術が社会に果たすべき大きな役割のひとつと言えよう。

本書はそうした伊福部著書の出発点としても貴重だが、なにより、譜例ひとつ用いず、文章だけで高度な音楽論をまとめた点、サンフランシスコ条約が結ばれた一九五一年という文化的にも混迷した時期に、西欧クラシック音楽にどう対峙《たいじ》するか、一作家の主観を貫いて世に示した点が、どちらも非常に重要だ。一九八五年と二〇〇三年の再版に寄せて本人は「時代のずれを感じた」と嘆いているが、主たる主張は六十五年を経ても色あせず、今なお強靭《きょうじん》ゆえ、ずれなど物ともしない。やさしい語り口で疑問を投げかけておいて、すぐさま持論に誘導するコンテクストの徹底も見事であり、それこそ律動（リズム）に執着する伊福部音楽のごとく、その主張が一種独特な律動で読む者にグイグイ迫り来る。文章の洗練もまたリズムが左右するのだということを、伊福部はすでに見抜いている。なんたる筆力、なんたる文才であろうか。

「音楽は音楽以外の何ものも表現しない」とのストラヴィンスキーの言を引きながらも、ギリシャ時代から続く欧州文化・思想のカウンターたるべき日本人として、音楽の外郭にあるあらゆる知識を貪《むさぼ》らんとする姿勢は、ことのほか強固で清々《すがすが》しささえおぼえる。たとえば今、有名無名を問わず三十代の作曲家がここまでの音楽論を展開し、ここまで重く、鋭く、豊潤で、独自の律動をもった文章を、はたして書けるだろうか。

ネットどころかテレビさえ黎明《れいめい》期にあった当時の紙媒体の重みは、今から計り知れない。

三十七歳の働き盛りとはいえ、音楽家が演奏会でもレコードでもなく、あえて異分野の紙媒体で自分のすべてを吐き出そうとする決意と実践は、相当なものだ。そこからは、スタイルを守り抜かなければ名を成しても意味はない、という純音楽作家の信念も感じとれる。結果、正しい判断だったという確信は、その後の伊福部の作品群からあふれ出ている。この「守るためには、攻める」姿勢こそ、今の音楽家がいちばん見習わなくてはならない積極性だろう。文責を果たすとは、こういうことなのだ。詩を書き、劇を書き、音楽を書き、思想をも書き、すべて完璧であることをレゾン・デートルとしたワーグナーとは時代も文化背景も大きく違うが、作曲家が「何にせよ、まず書かなければ始まらない」のは不変の真理なのである。

今日、文章も音楽も映像もあらゆるメディアで広く自己主張が可能だし、それらは自他かまわずアーカイヴされる。しかし音楽ならば、ハードディスク上に残されたそのデータにいったい何百年の耐久性があるというのだろうか。それに対して約六百年前に印刷が始まった楽譜というメディアは、今なおあらゆる再現タスクに応《こた》えられる。バッハやモーツアルトのオーケストラ・スコアは二、三百年を経てもそのまま舞台に上がれる現役ではないか。楽譜というアーカイヴ・メディアが誇る六百年という並外れた耐久性は、すでに証明されている。言葉でさえ時代とともに変化するというのに、この先も何千年、いや半永久的に耐えうることを誰も疑わないコミュニケーションなど他にあろうか。

そう、じつは音楽にとって紙は絶対的なメディアなのだ。

われわれミュージシャンが他者と共生共存し、音楽という特殊な時間軸を共有するには、譜面という紙切れが、なくてはならない最重要ツールだからである。

だから、本番の舞台に役者は台本を持ち込まないが、オーケストラは紙の譜面をかならず譜面台に並べて本番にものぞむ。コンサートであれレコーディングであれ、オーケストラ・ミュージシャンたちが紙の譜面と鉛筆以外をコミュニケーション・ツールにすることはありえない。たとえ隣に座るミュージシャンや指揮台に立つマエストロの外国語がわからずとも、八十人全員が八十カ国の異国人同士だろうと初対面だろうとも、一枚の譜面さえあればオーケストラは完全に調和できる。逆に、いかに優秀なミュージシャンを八十人集めようが、いかに指揮者が数十カ国語を自在にあやつろうが、譜面一枚なしには何も鳴らせないのがオーケストラというシステムなのだ。十六世紀に完成されてから五百年も揺るがないこのシステムもまた、この先揺るぐはずはない。

これら完璧なシステムの積み重ねこそ、広義のクラシック音楽というものであり、創作すなわち「書いて、共有して、残す」という大前提を育《はぐく》んだ。伊福部はそれを痛いほどよくわかっていた。だからスコアも文章も両方ずっと書き続けたのだ。その膨大なスコアの特徴である高い作家性と大衆性には、本書から始まった紙媒体への進出が大きく作用している。

作家性は、作品を書く行為自体ですでに発揮されるし、またコンサートや録音で成熟もするが、大衆性はそうはいかない。この大衆性はポピュリズムと誤解されやすいが、そうではない。本書のあとがきで伊福部も触れているとおり、画家は密室で自分ひとりでも絵を完成しうるが、作曲家の書くスコアは単なる設計図に過ぎず、演奏家たちと共に自作曲を完成させなくてはならない。ときに協調を強いられることもある。つまり作曲家は自室で曲を書きおえても未完のままであり、外に出て複数の他人と交わらなければ完成には至らない。さらに演奏家や聴衆や批評に幾度も晒《さら》されながら変化することさえある。これを作曲家の大衆性、すなわち協調性というのである。譜面という紙切れだけで共生するわれわれの間には、ある種の妥協が介入せざるをえない。ただし、この事実を受け入れるか否かは各音楽家の自由というわけだ。伊福部は、作曲と演奏を「奇妙な関係」とうまく暈《ぼか》したが、作家性と協調性、大衆性の関係に置き換えられるからだろう。

「聴衆、大衆にどう聴かせたいのか？」は、作曲家の永遠の課題だ。本書の「芸術をどう鑑賞すべきか？」という問いは、それを裏返した「こう聴いてもらいたい」との理想でもある。しかし、この課題と理想そのものを音楽で表現することは不可能だ（もしかしたら一部の現代音楽では可能かもしれないが）。伊福部の本書執筆の動機はここにもあった。音符がどう動いて唄《うた》っているかは理解できないが、何を唄っているか（詞の内容）なら一瞬で理解するのが大衆だとしたら、文章のほうがより主張は伝わるし、反響も得られる。本書の出版後、読者だけでなく編集者や同業者といった業界の反応からも、伊福部は大衆心理やそのニーズの多くを感じとったことだろう。

作家性と大衆性、純音楽と映画音楽（伊福部は純粋音楽と効用音楽と表現している）、芸術性と商業性……われわれ作曲家は二極の狭間《はざま》を右往左往しているように思われがちである。しかし本来、一作家は二面性どころか複雑に入り組んだ多面性を持ち、あらゆる側面に自発的にアクセスしているのだ。作家性の中にも大衆性はひそんでいるし、逆もまた真なり。すぐれた映画音楽に転化した純音楽もあるし、ベルリン・フィルが本拠の演奏会でバーナード・ハーマンによるヒッチコックの映画音楽をシェーンベルクと並べたりしている。

伊福部昭は前述のようなステレオタイプで分類されがちな枠組みを自ら超越して、あらゆる可能性をすべて実践し、後進の作曲家に証明してみせた希有《けう》な大作家である。千本以上の映画音楽を手がけたインド人の作曲家イライヤラージャは例外中の例外として、これだけ多作な作家は世界でもそうはいまい。本書の初版刊行は一九五一年だが、その執筆と重なるであろう一九五〇年から五一年の二年間で、伊福部は二十九本もの映画を手がけている。スコアを書いて録音するだけのルーティンワークだった時代性を考慮しても、尋常ならざる量だ。これを攻めの姿勢と言わずして何と言おうか。その後も同じペースで、伊福部は闊達《かったつ》に映画音楽を書きつづけ（一九六〇年代までの約二十年間だけで、すでに二百本以上を残した）、純音楽分野でも数々の傑作を生み、名文を残し、教鞭《きょうべん》も執った。

伊福部昭『音楽入門』の初版が刊行されたのは、ちょうど六十五年前のことだ。それがこのたび、映画音楽について伊福部自身の肉声で語られている一九七五年の貴重なインタビューとともに文庫化されることになった。

個人的なことだが、奇《く》しくもこの文庫解説を執筆しているのは、ゴジラシリーズの最新作「シン・ゴジラ」（二〇一六年）の劇中音楽を書いている最中である。

私自身、伊福部作品との出会いは、父に連れられてあらゆる映画をくりかえし観に行った少年時代にさかのぼる。東宝で円谷英二《つぶらやえいじ》の片腕をつとめたあと、「マグマ大使」「スペクトルマン」などの特撮ヒット作品を世に送り出した私の父、うしおそうじ（鷺巣《さぎす》富雄《とみお》）にとって、息子に自分の仕事を仕込むためでもあったのだろう、そもそも子供が観る数や内容を凌駕《りょうが》していた。

ところが、父に連れられて観たうち日本映画のほとんどで伊福部音楽が鳴り響いていたのだ。谷口千吉《たにぐちせんきち》作品は伊福部、「ゴジラ」をはじめとする円谷特撮作品も当然すべて伊福部、父がアニメ合成特撮を担当した「釈迦」や、一連の「座頭市」「大魔神」もすべて伊福部だった。たぶん「無法松の一生」を観た後だったと思うが「いふくべあきらって、どういう人？」と、父に尋ねたのをよく覚えている。「詩郎は伊福部さんが好きかい？」と問う父に「そうじゃなくって、映画音楽を作れるのは日本にこの人しかいないの？」と生意気に答えたのも懐かしい。

下戸の父は付き合わなかったが、円谷と伊福部がよく飲み交わし特撮談義をしていたという話は、ことあるごとに父から聞かされた。もし父が下戸ではなかったらその酒席にまで連れていかれたかもしれない、と今でも思う。それほど父から溺愛《できあい》されていたし、中学生になると実際にアニメや特撮現場で父の仕事を真剣に手伝っていたほどで、間違いなく跡を継ぐものと自分も父も信じて疑わなかった。しかし結果はこのとおり作曲家となってしまった。もしかしたら映画館で伊福部音楽をたくさん仕込まれたことが理由なのかどうかは……正直わからない。

だが確かなのは、こと伊福部昭についていえば、多才にして多作ゆえ常に好循環が生まれていたということだ。個性はどんどん際立ち、万人均等に明快に響く。誰が何をどう聴いても伊福部の音だと認識できるということは、聴く側の頭の中にもすでにスタイルが確立されているということ。まさに大車輪で名を成したというわけだ。その音楽活動は一九三五年から七十年以上にもおよび、計り知れないほどの叡智《えいち》を後世に残した。

まごうことなき「現代クラシック音楽家の最高峰」のひとりであり、映画音楽家としても小津《おづ》安二郎《やすじろう》、黒澤明と並べてしかるべき「日本映画の父」のひとりに数えられよう。

（作曲家）

本書は全音楽譜出版社より二〇〇三年に刊行されました。

文庫化にあたり「衝撃波Q　4号」（一九七五年）掲載のインタビューを収録しました。

本書中、民族の呼称として今日では適切でない表現がありますが、執筆された時期、また著者が故人であることに鑑みそのままとしました。

音楽入門《おんがくにゅうもん》

伊福部昭《いふくべあきら》

平成28年 6月25日　初版発行
令和7年 3月5日　11版発行

発行者●山下直久

発行●株式会社KADOKAWA
〒102-8177　東京都千代田区富士見2-13-3
電話　0570-002-301（ナビダイヤル）

角川文庫 19836

印刷所●株式会社KADOKAWA
製本所●株式会社KADOKAWA

表紙画●和田三造

◎本書の無断複製（コピー、スキャン、デジタル化等）並びに無断複製物の譲渡および配信は、著作権法上での例外を除き禁じられています。また、本書を代行業者等の第三者に依頼して複製する行為は、たとえ個人や家庭内での利用であっても一切認められておりません。
◎定価はカバーに表示してあります。

●お問い合わせ
https://www.kadokawa.co.jp/（「お問い合わせ」へお進みください）
※内容によっては、お答えできない場合があります。
※サポートは日本国内のみとさせていただきます。
※Japanese text only

©Kiwami Ifukube 2003, 2016　Printed in Japan

ISBN978-4-04-400164-3　C0173

角川文庫発刊に際して

角川源義

第二次世界大戦の敗北は、軍事力の敗北であった以上に、私たちの若い文化力の敗退であった。私たちの文化が戦争に対して如何に無力であり、単なるあだ花に過ぎなかったかを、私たちは身を以て体験し痛感した。西洋近代文化の摂取にとって、明治以後八十年の歳月は決して短かすぎたとは言えない。にもかかわらず、近代文化の伝統を確立し、自由な批判と柔軟な良識に富む文化層として自らを形成することに私たちは失敗して来た。そしてこれは、各層への文化の普及滲透を任務とする出版人の責任でもあった。

一九四五年以来、私たちは再び振出しに戻り、第一歩から踏み出すことを余儀なくされた。これは大きな不幸ではあるが、反面、これまでの混沌・未熟・歪曲の中にあった我が国の文化に秩序と確たる基礎を齎らすためには絶好の機会でもある。角川書店は、このような祖国の文化的危機にあたり、微力をも顧みず再建の礎石たるべき抱負と決意とをもって出発したが、ここに創立以来の念願を果すべく角川文庫を発刊する。これまで刊行されたあらゆる全集叢書文庫類の長所と短所とを検討し、古今東西の不朽の典籍を、良心的編集のもとに、廉価に、そして書架にふさわしい美本として、多くのひとびとに提供しようとする。しかし私たちは徒らに百科全書的な知識のジレッタントを作ることを目的とせず、あくまで祖国の文化に秩序と再建への道を示し、この文庫を角川書店の栄ある事業として、今後永久に継続発展せしめ、学芸と教養との殿堂として大成せんことを期したい。多くの読書子の愛情ある忠言と支持とによって、この希望と抱負とを完遂せしめられんことを願う。

一九四九年五月三日